LA FAMIGLIA MAFROLLA DI VIES
dal 1563 al 1975

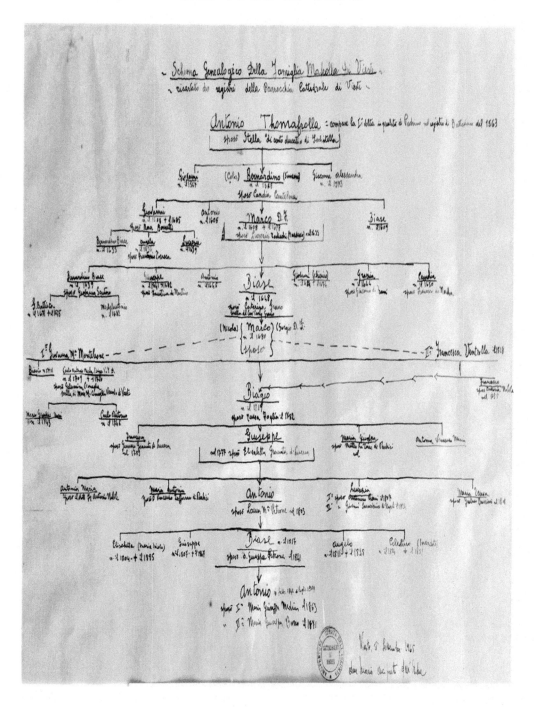

VOLUME 2

GLI ALLEGATI

ALLEGATO n° 1

"i terreni di Marco Mafrolla nel Libro dell'Apprezzo del 1753

MARCO MAFROLLA nel LIBRO DELL'APPREZZO del 1753								NEL CATASTO	
PAGINA	NUMERO	TITOLO	NOME	COGNOME	LUOGO detto anche	POSSEDIMENTO	RENDITA ducati	ONCE nel Catasto Onciario	rapporto: once / ducati
4v	14	Dottor	Marco	Mafrolla	le Mezzane	tomola 3	2 carlini 20	6,20	3,10
11r	10	Signor	Marco	Mafrolla	Valle di San Nicola	1 tomolo e mezzo di terra con 40 olivi	4,00	13,10	3,28
11v	19	Signor	Marco	Mafrolla	Valle di San Nicola	1 tomolo e 3/4 con 6 alberi d'olive	0,8 carlini 8	2,20	2,75
17v	15	Signor	Marco	Mafrolla	Il Morello	tomola 2 e 1/2 di terra seminaoria	1 carlini 10	3,10	3,10
17v	25	Signor	Marco	Mafrolla	Le Mezzane	tomola 8 di terra	2 carlini 20	6,20	3,10
18r	12	Signor	Marco	Mafrolla	Il Morello	tomola 6 e 1/2	2,6 carlini 26	8,20	3,15
20 r	9	sig. dott.	Marco	Mafrolla	Focareta	t. 3 di terra vitata calginali 9	26,00	53,10	2,04
24 v	10		Marco	Mafrolla	Focareta	t. 3/4 e 1/2 di terra	0,00	0,00	0,00
24 v	11		Marco	Mafrolla	Focareta	t. 1 e mine 2 di terra	0,00	0,00	0,00
24	18		Marco	Mafrolla	Focareta	t. 3/4 e 1/2 di terra macchiosa	0,00	0,00	
24	20		Marco	Mafrolla	Focareta	t. 1 e mezzo infruttuoa	0,00	0,00	
26 v	15		Marco	Mafrolla	Giannetta al Canale	t. 4 di terra seminatoria	1,70	5,20	3,06
26 v	18		Marco	Mafrolla	Palmentiello sotto Giannetta	t. 6 e 1/4 di terra	2,5 carlini 25	8,10	3,24
30 v	12		Marco	Mafrolla	Cersone Petrolino	t. 7/12 di terra seminatoria	3,10		
36 v	19	don	Marco	Mafrolla	Macinino	t. 65 di terra ed alberi d'olive 1060	70,00	233,10	3,33
46 v	16		Marco	Mafrolla	Aia diletta	t. 4 di terra con alberi d'olive 53	4,50	15,00	3,33
50 v	19		Marco	Mafrolla	Ama di Crinco	t. 2 e 1/2 di terra con alberi d'olive 95	6,00	20,00	3,33
53 r	1		Marco	Mafrolla	Gioia	t. 3 di terra con alberi d'olive 113	20,00	66,20	3,31
53 r	10		Marco	Mafrolla	Macchia di Mauro	t. 3 di terra con alberi d'olive 40	3,80	12,00	3,16

IN AGGIUNTA   NEL CATASTO ONCIARIO DEL 1753

PAGINA	NUMERO	TITOLO	NOME	COGNOME	LUOGO detto anche	POSSEDIMENTO	RENDITA ducati	ONCE nel Catasto Onciario	rapporto: once / ducati
35	4		Marco	Mafrolla	Cuperi	un parco - t. 500 di terra	20,50	75,00	3,66
43	3		Marco	Mafrolla	Mattoni	alberi d'olive 215	28,00	60,00	2,14
1	15		Marco	Mafrolla	Valle di Sant'Andrea	t. 1 di terra seminatoria	carlini 4	1,10	2,75
30	12		Marco	Mafrolla	Petrolino	t. 7 di terra seminatoria	carlini 31	10,10	3,26
26	25		Marco	Mafrolla	Giannetta al Canale	t. 4 di terra seminatoria	carlini 16	5,20	3,25

ALTRI MAFROLLA NEL LIBRO DELL'APPREZZO DEL 1753

53 r	5	Eredi	Carl'Antonio	Mafrolla	Macchia di Mauro	t. 2 e 1/2 di terra con alberi d'olive 104	8,00		
56 V	10		Giuseppe Antonio	Mafrolla	Pagliaro freddo	un parco, una mandia e t. 100 di terra	60,00		

Da questo prospetto risulta che un ducato (nel Libro dell'Apprezzo) corrispondeva a 10 carlini ed "in media" a 3,10 once; ma le "valutazioni" date in once nel Catasto Onciario, proprio perché soggettive, non rispettavano sempre quel valore medio derivante dalla semplice proporzione matematica.

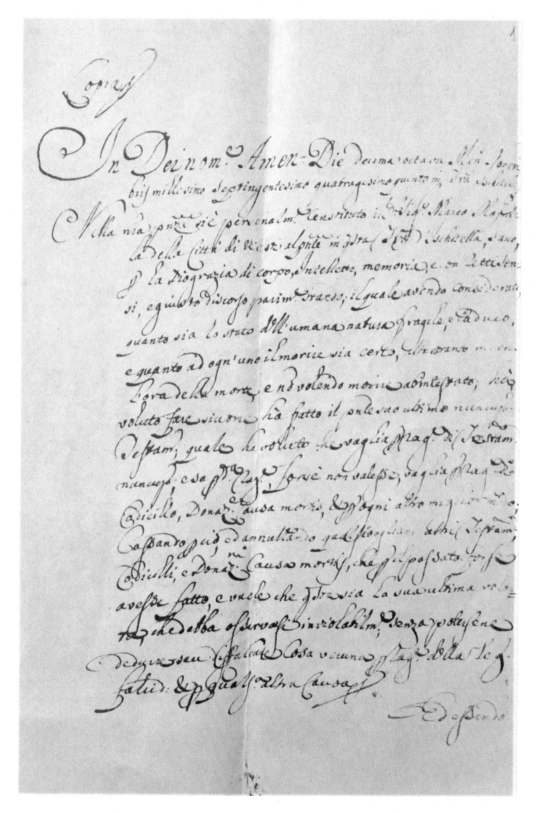

2

Et essendo l'anima più degna, e nobile del Corpo, e d'ogn'altra
Cosa terrena, per ciò primieram.te esso D. Marco Mafrolla
Test.re ha raccomandato all'onnip.te Dio, supplicat.o à Giesù Christo
Red.re alla Sma Vergine Maria ed à tutti li à sua' Avvocati
à li quali divotam.e prega, che separata sarà dal suo
Corpo si degnino sec'loro portarla nella gloria eterna, e
ha espressam.te disposto, ed ordinato che il suo Cadavere sia
sepolito dentro la Chiesa Cattedrale della città di Boa...
sua Patria, con farseli sollennem.te il funerale coll'Ufficio
cantam in die obitus p

E come che il principio, e fondam.to di qual.e Testam.to è l'Instituz.ne
degl'eredi, senza della quale il Testam.to, o dispos.ne di
legge, sarebbe nullo, ed invalido, Perciò esso D. Marco Ma
frolla Test.re ha fatto, instituito, e colla sua propria bocca
ha nominato al D. Carlo Ant.o, Biase, Michelang.o, Giusep.e
Gian.o Mafrolla suoi figli legm.i, e naturali, suoi eredi
universali, e particolari, sopra tutti, e qual.e suoi beni
mobili, stabili, semov.ti, denari contanti, oro, arg.ti Cedit, effetti, rag.ni ed az.ni qualsiv. dovunque siano, site e posti, e
in qual sivoglia modo cosistenti, coll'infr.to però
legati, e Dichiaraz.ni

Primieram.te il sud.o D.r Ant. Marco Test.re ha espressam.te assento

è dichiarato, che avendo mantenuto p[er] lo spario d'anni sedici
al sud[detto] D[on] Carlo Ant[oni]o suo figlio o studiare tanto n[e]l Seminario
della città di Troja, quanto poi n[e]lla città di Napole, con aver
lo fatto privileggiare ed approvare da Dot[tori], si è per ciò ha
speso la somma di docati mille seicentocinquanta, mà avendo considerato che se il med[esim]o fosse stato p[iù] tempo in casa
p[ro]p[ri]a, avereb[b]e avuto ad esser alimentato come gl'altri figli, hà perciò stabilito con matura riflessione, dedurne docati seicentocinquanta, e farne stare netta la somma
di docati mille di spesa comesa, p[er] la caosa espressa.
Onde volendo esso Test[atore] come comune Padre affettuoso
di tutti li p[rede]tt[i] suoi figli ed er[edi] che tra medesimi si osservi l'egualità, anioche li p[redetti] Biaso, Mi-
chelant[oni]o, Pius[epp]e e Fran[cesc]o altri suoi figli vengano a p[er]ce-
vere altrettanto cioè docati mille p[er] ciascheduno in confrotto
ad. spesa, p[er] no[n] apoch' essi fatta spesa alcuna, vuole
ordinare, e dispone, che questi medesimi, in caso, e tempo
di divisione, oppo la sua morte debbano pigliarsi ante
partem d[e] docati mille p[er] ciascheduno in confrotto a d[etto] sp[es]a
P[er] Giacom[m]e, e quelche resterà di più debbaro poi dividere
sto egualm[en]te col sud[detto] D[on] Carlo Ant[oni]o loro f[ra]tello, ed ogn'uno
averne la sua po[rtione]; Con altra esp[res]sa dichiarazi[one] ancora, che se l'esse credit[or]io di esso Test[atore], in tempo

4

di sua morte nō fosse capace che ognuno de ptē Biaso, Michelant.e Giu.e e Gran: potesse avere intiera mē li sud. Docati mille, ma fosse capace di minor somma in ql.o caso vuole e dispone esso Test.e che li med. nō possano molestare al ptō D. Carlo erede, à souombre, e darli la somma, che forse mancasse alli sud. docati mille giacchè il conesso, pr.chè in tal caso ptanto che mancheria se li debba intendere rilasciato, e donato graziosam.e Ed all'incontro volendo ptō Carlo dare il pt.o alle prenom. suoi [...] pella clausa si vuole disposn.e come espressata vuole e dispone esso Test.e che non se li dia da uno minima cosa se pr. non ponga in colleg. li sud. docati mille se esso conesso agli [...]

Item vuole ordina e dispone esso Test.e che li sud. Biaso, Michelant.e Giu.e e Gran: suoi figli procreati colla sig.a Gran.na [...] trella sua seconda moglie, morendono in pupillare età [...] pure quandocunque ab intestato uno debba succedere all'altro, escludendosene però il d. Carlo.

Item dichiara esso Test.e che in tempo il ptō Michelant.e suo figlio andò à farsi religioso nell'ord. [...] di lui diede tutta la podestà, e facoltà di poter disponere di sua porz.e anche vivente esso Test.e in vigor d'la quale il più li med. ne fece rinuncia, e donaz.e a benef. delle sue [...]

Biaso

Biaso Giug.e e Gian.n sua (figlie) à cinque con colla cond.e che fa=
cendo profess.e nell'avemaria (la lig.a avesse à sortire effetto
di qta maniera anche esso (Test.e la conferma) da sia
emolum.o e davutt

Item dichiara esso (Test.e che in tempo si casò la seconda volta
colla sua s.ra Gian. Ventrella ricevé g dote della med.a d.o
mille in denaro contante, e cinque vanne (figliate) qu al
un tam.e colle dote della sua s.a Moglie fù s.ig. Giovanni maria
Monteleone hanno fruttato à benef.o d.lla massa comune, e
avendose il pigliando d.o A. Gaitant.o doppo che si casò sa=
bito si pigliò tutta la dote d.lla pred.ta fù s.r maria sua
madre giò ordinandole e dispone, che le pull.e, e luc.a
dotali di s.r Gian seconda Moglie debbano vendere, e
fruttare à benef.o delli sud.i Biaso, Michelant.e Giug.e Gian.
(figli d.lla med.a) alla rag.e di cinque p cento, finche rendj
p no più; onde à tempo d.lla div.ne con d.A. Gaito Ant.o ri da
il maturato p rag.e d.i detti frutti debbano intendersi à bene=
ficio d.lli (figli) e qua seconda moglie eli medesimi d.i Ba=
no pure p pigliar sili ante partem, essendo così d.i dove=
re affinche si osservi l'equalità, e che così è la sua s.tà
vol.tà

Item appresso e dichiara esso (Test.e che alla nascita d.d s.r Gian=
suo (figlio) essendo stato tenuto al fonte battesimale
d.al d.to

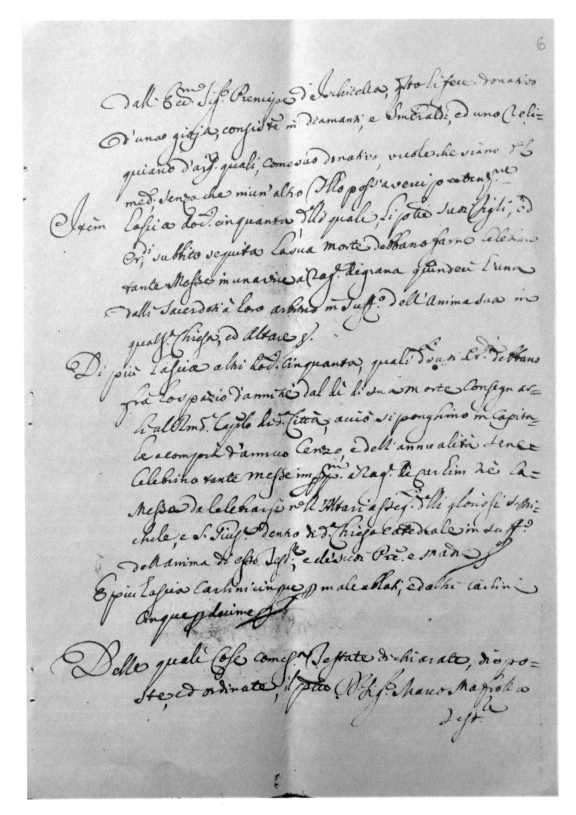

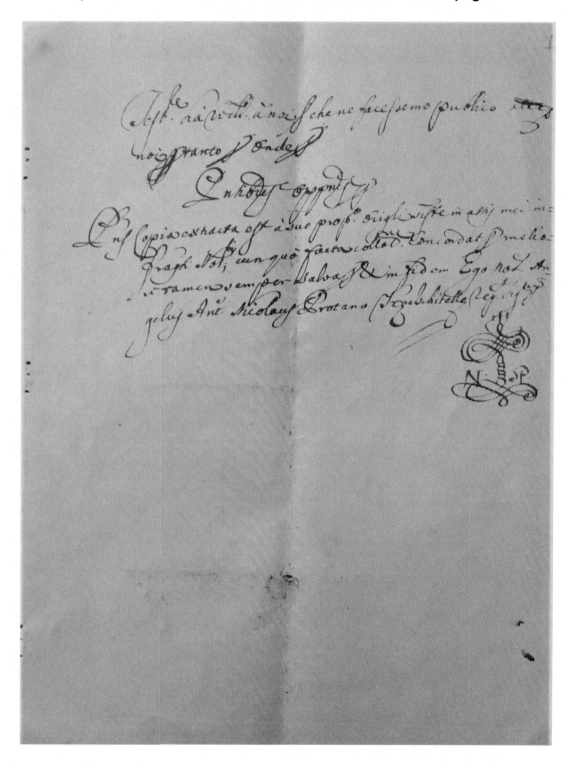

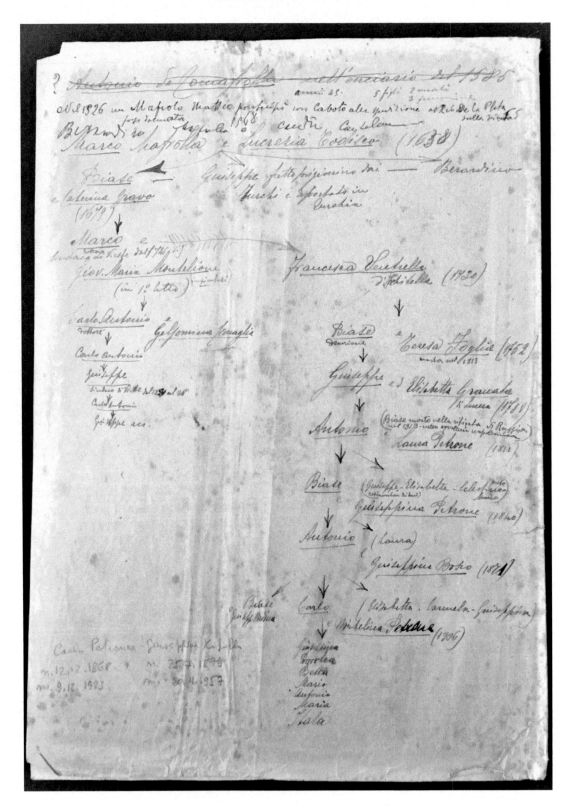

GIOVANNI TANCREDI

VISITA AL GARGANO

DI

SUA ALTEZZA REALE

IL PRINCIPE UMBERTO DI SAVOIA

TORREMAGGIORE

STAB. TIPOGRAFICO VINCENZO CAPUTO

1923

46

Il ritorno a Foggia

Subito dopo il corteo riprese la sua corsa verso Foggia dove giunse verso le 19.

L'ingresso nel capoluogo fu addirittura imponente. Foggia concluse in un'onda di irrefrenabile entusiasmo il trionfale giro del Gargano.

Alle 23 con lo speciale numero 8916 S. A. R. il Principe di Piemonte partì per Roma.

a Vieste

Il 2 agosto alle ore 11 ancorò nelle acque del porto di Vieste una nave proveniente da Zara e fra i nuclei di giovani vestani, che di solito stazionano sulla riva, si affermava che ospitasse un personaggio di alto rango. Si pensava che tutto ciò fosse un parto della fantasia popolare, la quale spesso mette in giro delle fandonie, allorchè si vide un giovane ufficiale dal portamento aristocraticissimo e marziale accompagnato nientemeno da un ammiraglio.

Questi era S. E. il conte Bonaldi, il quale fu subito riconosciuto.

Fu un lampo. Sua Altezza Reale il Principe Ereditario si accingeva a visitare in incognito la ridente cittadina, che tutta bianca si specchia nel mare, e la lieta novella in un baleno si sparse pel paese e l'Augusto Visitatore fu subito raggiunto e circondato dal Sindaco signor Carlo Mafrolla, dal Consigliere Provinciale signor Achille della Torre, da tutte le altre autorità locali e da una folla immensa di popolo che fra deliranti applausi e vivissime acclamazioni fra un continuo getto di fiori e di confetti lo accompagnarono alla Cattedrale, ove fu ricevuto dall'arciprete Ruggeri. Visitata la Cattedrale che racchiude antichi ed importanti capolavori, S. A. R. attraversò le strade del paese sulle quali si distendevano soffici tappeti di fiori multicolori, fiori freschi e profumati, qua e là chiazzati di corolle bianche.

Tutti gioivano, tutti esultavano, tutti erano in festa: i generosi lavoratori instancabili e tenaci deliravano nell'applauso spontaneo, nella manifestazione sincera dei sentimenti di devozione che essi nutrono verso la Casa Sabauda; il sole rideva lassù nell'azzurro perlaceo; le rondini trillavano gaiamente nell'aria vermiglia; le placide acque dell'Adriatico, non più amarissimo, si frangevano alla riva in soave murmure.

Alle ore 12 il Principe Umberto di Savoia fatto segno sempre a entusiastiche manifestazioni fece ritorno a bordo del suo yacth « Iela » ove il Sindaco sig. Mafrolla ed il Consigliere Provinc. sig. della Torre espressero all'Augusto Visitatore i sensi di devozione alla Casa di Savoia ed i più sentiti ringraziamenti dell'intera cittadinanza per la gradita visita che rimarrà fra i più cari ricordi delle cronache viestane.

Nel momento della partenza le batterie salutarono l'Ospite Augusto con la loro voce poderosa, mentre le campane continuavano a diffondere la loro voce festosa nel paese e nella campagna e sui monti lontani.

La visita del Principe Ereditario fu

47

il mantenimento della promessa fatta a Roma da S. E. Bonaldi all'esimio Consigliere Provinc. sig. Achille della Torre, ed essa appagò pienamente il desiderio della cittadina viestina, che vide con orgoglio realizzata una sua legittima aspirazione, essendo rimasta delusa e amareggiata nell'aprile scorso allorché Vieste non fu compresa nel giro ufficiale percorso da S. A. R. nel Gargano.

Bibliografia: *Il Mattino* Napoli - *La Gazzetta di Puglia* Bari - *Il Foglietto* Lucera - *Il Rinnovamento* Foggia - *Il Popolo di Capitanata* Sansevero-Lucera.

ALLEGATO 5

Prime due pagine dell'Ispezione effettuata dalla Banca d'Italia nel 1931 alla Banca Popolare Cooperativa di Vieste

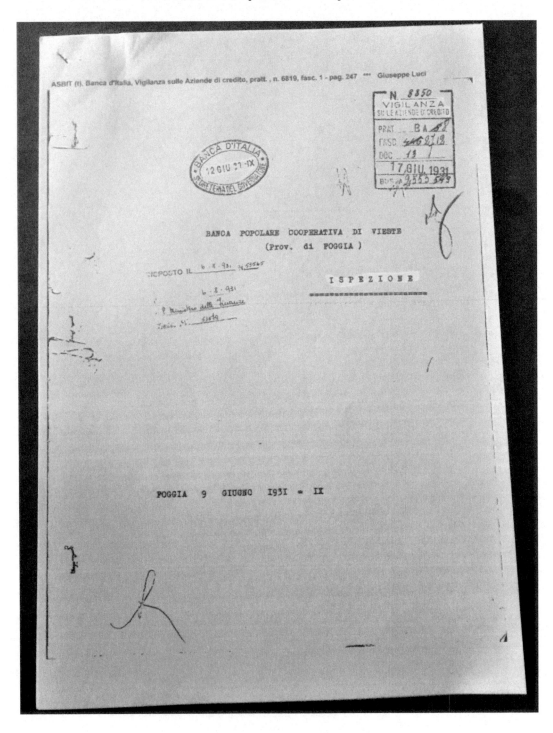

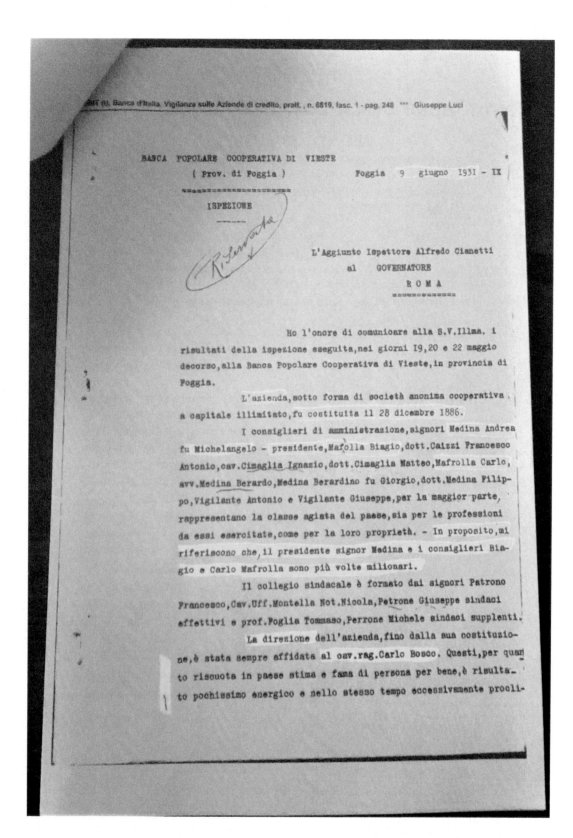

BANCA POPOLARE COOPERATIVA DI VIESTE

(Prov. di Foggia)   Foggia 9 giugno 1931 - IX

ISPEZIONE
————

L'Aggiunto Ispettore Alfredo Cianetti

al   GOVERNATORE

R O M A

Ho l'onore di comunicare alla S.V.Illma. i
risultati della ispezione eseguita,nei giorni 19,20 e 22 maggio
decorso,alla Banca Popolare Cooperativa di Vieste,in provincia di
Foggia.

L'azienda,sotto forma di società anonima cooperativa
a capitale illimitato,fu costituita il 28 dicembre 1886.

I consiglieri di amministrazione,signori Medina Andrea
fu Michelangelo - presidente,Mafolla Biagio,dott.Caizzi Francesco
Antonio,cav.Cimaglia Ignazio,dott.Cimaglia Matteo,Mafrolla Carlo,
avv.Medina Berardo,Medina Berardino fu Giorgio,dott.Medina Filip-
po,Vigilante Antonio e Vigilante Giuseppe,per la maggior parte,
rappresentano la classe agiata del paese,sia per le professioni
da essi esercitate,come per la loro proprietà. - In proposito,mi
riferiscono che,il presidente signor Medina e i consiglieri Biagio e Carlo Mafrolla sono più volte milionari.

Il collegio sindacale è formato dai signori Patrono
Francesco,Cav.Uff.Montella Not.Nicola,Petrone Giuseppe sindaci
effettivi e prof.Foglia Tommaso,Perrone Michele sindaci supplenti.

La direzione dell'azienda,fino dalla sua costituzio-
ne,è stata sempre affidata al cav.rag.Carlo Bosco. Questi,per quanto riscuota in paese stima e fama di persona per bene,è risultato pochissimo energico e nello stesso tempo eccessivamente proli-

Biagio e Carlo Mafrolla vengono definiti: "più volte milionari"

COSTITUZIONE DELLA DOTE DI DOROTEA MAFROLLA
IN DATA 28/11/1938

②

il Signor **Medina** Giambattista del
fu Notar Francescantonio, Dottore, nati e domiciliati in Vieste, della loro identità e capacità giuridica io Notaio ne
sono personalmente certo all'oggetto
di stipulare il presente atto mediante il quale: ———————

Essendosi progettato e conchiuso matrimonio che andrà fra breve a celebrarsi nei modi ed a norma delle vigenti
disposizioni di legge fra il costituito
Dottor Medina Giambattista e la Signorina Mafrolla Dorotea, matrimonio da celebrarsi civilmente secondo
le disposizioni del vigente Codice Civile, e contrattualmente sotto il vincolo del regime dotale, il costituito
Signor Mafrolla Carlo in contem-
plazione del detto matrimonio, ed
a sostenere i pesi di esso, nonché a
piena dimostrazione dell'affetto
che egli ha sempre nutrito e nu-
tre verso la diletta sua figliuola
Dorotea, espressamente, attualmente, irrevocabilmente e spontanea-

Dorotea pag 2

17

mente assegna e costituisce in dote alla
detta costituita sua figlia Dorotea Mafrolla, la quale accetta, i seguenti immobili siti nell'agro e nell'abitato di Vieste,
riportati nel Catasto rustico di Vieste alla partita 551 ed in quello urbano alla partita 2525 del complessivo valore
di Lire Sessantatremila (Lire 63.000);
come pure un corredo nuziale del valore di Lire Ventiduemila (Lire 22.000);
Lire Trentamila (Lire 30.000) in danaro contante ed il Capitale di Lire Seicento (Lire 600) per canoni enfiteutici perpetui corrispondenti a Lire Cinquantanove e centesimi cinquanta.

1°) L'intero piccolo fondo oliveto
nella contrada Cerasa e denominato "Seichina" confinante con la via rotabile Vieste-Peschici, Ruggieri Teresa
e Spina Raffaela fu Domenicantonio,
riportato nel detto Catasto alla partita
551 così: al foglio 16, particella 16, diare trentadue e centiare sette con l'imponibile di Lire 80.17; e particella 17
diare due e centiare quattordici con

Dorotea pag 3

18

l'imponibile di Lire 5.35 - estensione complessiva di ettari 0.34.21 con l'imponibile di Lire 85.52 del valore di Lire Settemilaottocento (Lire 7800). —

2) Il fondo **olivetato** nella contrada « Perazzeta » denominato "Olivieri" confinante nei diversi lati con eredi Dell'Erba, Martucci Vincenzo ed eredi Ippolita Vigilante, riportato alla detta partita così: foglio 32, particella 40-41-42-43 e 44 della estensione complessiva di are sessantaquattro e centiare ottantanove (Ett. 0.64.89) con l'imponibile di Lire 85.79 del valore di Lire Novemilatrecento (Lire 9300).

3) L'intero **seminatorio** alla contrada « Solagnone » confinante nei diversi lati con trattura pubblica, eredi di Piracci Giuseppe, Tavicoli Diodato, Mastrorocco Francesco, Piracci Giulia e Lucia e Mastrorocco Giuseppe fu Pasquale riportato alla detta partita in testa di Mafrolla Carlo, Livellario del Comune di Vieste, al foglio 36, particella 41 della estensione di ettari

quindici, are trentatré e centiare ottantacinque con l'imponibile di Lire 337.45
e particella 42 per fabbricato rurale per
l'estensione di are otto e centiare ottanta.
In totale ettari 15.42.65 con l'imponibile
di Lire 337.45, sul quale gravita l'annuo
canone di Lire 241.70 a favore di questo
Comune del valore di Lire Tredicimi-
laottocento (Lire 13.800)-

4°) Il piccolo **vigneto** sito nell'agro
di Vieste nella contrada « Scialara » con
finante nei diversi lati con eredi Spina
Dottor Domenicantonio, Balti Giambattista, germani Solitro e Petrone Gaetano,
riportato nel Catasto rustico di Vieste
in testa del Sig. Mafrolla sotto la detta
partita al foglio 14, particelle 112 e 113
per l'estensione complessiva di are tren-
taquattro e centiare novantaquattro con
l'imponibile di Lire 54.50 del valore di
Lire Tremila (Lire 3000), sul quale gravita l'annuo canone di Lire Sedici in
favore del Comune di Vieste.

5°) Il **fabbricato** per abitazione alla
via Dott. Giuliani composto di due vani

⑥

in pianterreno con i N.i civici 31-33 cata-
stali 21 e 23 e del soprastante soprano
di due vani N. civico 29, catastale N. 35,
confinante da due lati con i Signori
germani Mafrolla Carlo e Biagio fu
Antonio e dal terzo con la via medesima, riportato nel detto catasto ed alla
precisata partita 2525 col N. di mappa
143 unitamente ad altri vani con l'imponibile di Lire 2101, dal quale per accordo delle parti si distacca quello competente di Lire 540 da caricarsi in testa della Signorina Dorotea Mafrolla
per l'intero detto fabbricato del valore di
Lire Sedicimilaottocento (Lire 16.800).-

Sul detto fabbricato gravita anche l'annuo canone collare di Lire Due in favore del reverendo Capitolo Cattedrale di Troia.

6) Pianterreno di un vano per uso
bottega alla Piazza Mercantile estrada
Forno de Angelis N. civico 21 catastale
confinante con la detta Piazza attualmente denominata Corso Umberto I.
strada medesima, come pure sottostante alla casa degli eredi Bosco Franc

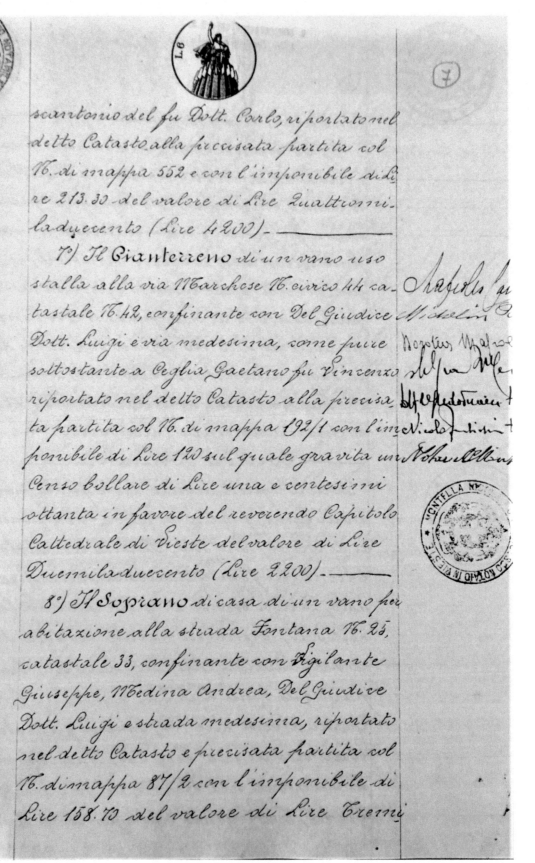

scantonio del fu Dott. Carlo, riportato nel detto Catasto alla precisata partita col N. di mappa 552 e con l'imponibile di Lire 213.30 del valore di Lire Quattromiladuecento (Lire 4200) ————

7°) Il Pianterreno di un vano uso stalla alla via Marchese N. civico 44 catastale N. 42, confinante con Del Giudice Dott. Luigi e via medesima, come pure sottostante a Ceglia Gaetano fu Vincenzo riportato nel detto Catasto alla precisata partita col N. di mappa 92/1 con l'imponibile di Lire 120 sul quale gravita un Censo bollare di Lire una e centesimi ottanta in favore del reverendo Capitolo Cattedrale di Vieste del valore di Lire Duemiladuecento (Lire 2200) ————

8°) Il Soprano di casa di un vano per abitazione alla strada Fontana N. 25, catastale 33, confinante con Vigilante Giuseppe, Medina Andrea, Del Giudice Dott. Luigi e strada medesima, riportato nel detto Catasto e precisata partita col N. di mappa 87/2 con l'imponibile di Lire 158.70 del valore di Lire Tremi

latrecento (Lire 3300)- —————

9°) Il Pianterreno di un vano per
abitazione alla via Marcello Cavallo
N. civico 5, confinante con Papagni Giovanni fu Giorgio e via medesima, come
pure sottostante a Ricci Vincenzo, riportato nel detto Catasto e precisata
partita col N. di mappa 333/1 con l'im
ponibile di Lire 106.65, del valore di Li
re Duemilaseicento (Lire 2600)- ——

Valore totale di detti immobili Lire Sessantatremila (Lire 63.000)- ——
————— Corredo Nuziale ————

Dodici coperte diverse delle quali quattro di lana, quattro di seta e le rimanen
ti di cotone, Lire 5000; Dodici lenzuola
e trentasei federe di tela diversa Lire
4400; Dodici servizi completi da tavola
Lire 3670; Trentasei parure di seta Lire 3000; Quattro chimoni Lire 300; Sei
parure di lana Lire 200; Trentasei fazzoletti diversi Lire 100; Dodici fazzoletti diversi di seta Lire 200; Quattro sciarpe diverse di seta Lire 100; Sei pettinatoi
Lire 100; Trentanove asciugamani diver

si Lire 1050; Sei giacche da matiné Lire 50; Dodici corpetti diversi Lire 50; Nove grembiali diversi Lire 50; Sei pezzi per fornitura da bagno Lire 200; Pannina e sciallo di lana Lire 30; Tre giacche diverse di lana Lire 50; Tre giacche diverse di seta Lire 50; Un scendiletto Lire 40; Un abito da sera, un abito da passeggio, due vestiti estivi, una pelliccia, un soprabito di lana ed un'altro di seta complessivamente Lire 2880; sciarpe, cappelli, borse, guanti, ventagli, libretto da messa, crocifisso di argento, corona di oro e coralli; Poenards argenti ed un cassettone complessivamente Lire 3360 — Valore totale di detti oggetti corredali Lire Ventiduemila (Lire 22.000)—

Danaro contante — Lire Trentamila (Lire 30.000)—

Canoni

I seguenti canoni enfiteutici perpetui in contanti ed il dominio diritto che vanta sui fabbricati siti in questo abitato qui appresso descritti, canoni

che in totale ammontano a Lire Cinquantanove e centesimi cinquantacin-
que corrispondenti al Capitale di Lire
Seicento (Lire 600)- ————————————

1) Canone di Lire Cinque e centesimi
venticinque (Lire 5.25) che matura ogni
primo Gennaio, infisso sui due sottani
che erano posseduti da Imperatrice Piracci fu Antonio, moglie di Nobile Michelantonio, siti in via Le Siepi ai N.ri civici 80 e 82, sottostante alla casa di Michele Flaminio, confinante con lo stesso Flaminio e con gli eredi del fu Gaetano Vescera riportati nel Catasto al-
l'Art. 1016 in testa della detta Piracci
ed ora di Nobile Carmela fu Michelantonio. 2) Annuo canone di Lire Due
e centesimi sessantacinque (Lire 2.65)
che matura in ogni primo Gennaio, imposto sul sottano appartenente a Piracci Maria fu Antonio siti in via De Vita N. civico 59 sottostante al soprano di
Medina Giorgio, confinante con detta
via, con anzidetti sottani, e con quelli
dei suddetti eredi Vescera, riportato in

Dorotea pag 10

Catasto all'Art. 1017 in testa di Piraci Maria. 3) Annuo canone di Lire Undici e centesimi trentacinque (Lire 11.35) che matura nel giorno 19 gennaio di ogni anno gravitante sopra i due sottani di Maria Michela Donadio fu Gaetano, siti in via Marcello Cavallo ai N.i civici 43 e 45, sottoposti ai soprani della stessa Donadio, confinanti agli eredi del fu Gaetano Donadio e di Gaetano Vigilante eredi, in Catasto a Donadio Gaetano sotto l'articolo 285, ed ora in testa agli eredi Mione Francesco. 4) Annuo canone di Lire Nove e centesimi quarantacinque (Lire 9.45) che matura il 19 gennaio di ogni anno, infisso sul sottano dei figli del fu Gaetano Donadio, sito in via Treppiccioni al N. civico 23, confinante con detta via e dagli altri due lati coi sottani di Vigilante Gaetano eredi, riportato in Catasto in testa a Donadio Gaetano all'Art. 275 ed attualmente in testa a Bollo Croce. 5) Annuo canone di Lire Sei e cente

Dorotea pag 11

26

simi dieci (Lire 6.10) con scadenza
al 19 gennaio di ogni anno imposto
sul sottano di Anna Maria Donadio
sito in via Marcello Cavallo al N. civico 18 sottostante al soprano di Donadio Maria Michela, confinante
coi sottani degli altri su nominati
Donadio ed ora in testa a Ragno Sante eredi. 6°) Annuo canone di Lire Otto e centesimi settanta (Lire 8.70)
con scadenza al 22 gennaio di ciascun anno, infisso sul sottano di Vigilante Gaetano fu Michele, sito in
via Treppicciani al N. civico 20 sottoposto al soprano degli eredi Mafiol-
la Antonio, confinante da tutti i lati con le case degli eredi di Gaetano
Donadio, riportato in Catasto in testa del detto Vigilante all'Art. 701
ed attualmente in testa di Donadio
Lucia. 7°) Annuo canone di Lire Nove e centesimi settanta (Lire 9.70) con
scadenza al 1° gennaio di ciascun anno infisso sul sottano di Mariannina
Salcesi sito alla strada De Vita N. civi-

co63, sottostante al soprano di Vigilante
Gaetano eredi, confinante col portoncino
di costui e col sottano degli eredi Ansiello
Emilio, in catasto alla detta Salcesi, sotto
l'Art. 746 ed ora in testa di Scarano Francesco. 8°) Ed annuo canone di Lire Sei e
centesimi trentacinque (Lire 6.35) che matura il 2 settembre di ogni anno infisso
sul sottano di Domenico Ruggieri fu Mau-
rosito a via Treppicciani al N. civico 28 confinante da due lati coi sottani degli eredi
Piracci Sante fu Giuseppe e dal terzo con
gli eredi Petrone Michele fu Celidonio, in
Catasto in testa della detta Ruggieri sotto l'Art. 1093. Detti canoni pervennero al
costituito Sig. Mafrolla Carlo dal dante
causa Sig. Mafrolla Antonio fu Biagio
con altro mio rogito 15 Ottobre 1909 registrato il 2 successivo Novembre al N. 55 mod. I
a costui dall'altro dante causa Sig. Mafrolla Biagio fu Antonio, ed a quest'ultimo per cessione fatta con atto Notar
Flauti primo Agosto 1887, qui registrato
il 3 detto mese ed anno al N. 13, e tutte
le surriferite indicazioni ed enuncia

Dorotea pag 13

zioni sono riportate nel detto atto Notar Flauti, le quali debbono ritenersi interamente trascritte nel presente atto.

Lo stesso costituito Sig. Mafrolla Carlo a maggiore dimostrazione dell'affetto verso della costituita sua figlia Signorina Dorotea assegna anche a costei la somma di Lire Ventiseimilaquattrocento (Lire 26.400) però senza alcun vincolo dotale, la quale dichiara di averla ricevuta in precedenza a questo atto per le riparazioni, ampliamenti e migliorie da lei apportate all'intero suo fabbricato, di cui appresso, sito in questo abitato alla via Forno De Angelis. ————

La sposa Signorina Dorotea Mafrolla dichiara portar seco a titolo parafernale il seguente immobile.

L'intero fabbricato per abitazione di vani Sei in secondo piano e di un vano in pian terreno, sito nell'abitato di Vieste alla via Forno De Angelis, confinante detto intero fabbricato con gli eredi Medina Francescantonio, eredi Bagno Santa,

Corso Umberto I e con la detta via dal
la quale vi si accede al fabbricato ed
al vano in pianterreno, alla mede=
sima pervenuto con altri miei due
rogiti, l'uno in data 25 giugno e l'al=
tro in data 20 luglio 1938 rispettiva=
mente registrati il 14 luglio al 16. 7
mod. I e 5 agosto 1938 al 16. 22 mod. I
del valore di Lire Quarantaseimila
quattrocento (Lire 46.400) in esse com=
prese le dette Lire Ventiseimilaquat=
trocento come innanzi ha ricevuto
dal suo padre e da lei erogate per ri=
parazioni e migliorie apportate al
detto fabbricato. —————

Gli sposi Medina Giambattista
e Mafrolla Dorotea dichiarano di
aver ricevuto poco prima della sti=
pula di questo atto dal costituito
Mafrolla Carlo sia la detta somma
in danaro contante di Lire Trenta=
mila che l'innanzi precisato corre=
do nuziale di Lire Ventiduemila,
il tutto assegnato in dote e perciò
ne rilasciano in favore del medesi=

mo ampia e formale quietanza, dichiarando nel contempo giusto ed
onesto il valore fissato agli oggetti
del detto corredo, e si obbligano ritenerlo come legale stato estimativo.

I predescritti immobili vengono
assegnati con tutte le adiacenze,
dipendenze e diritti inerenti, a corpo e non a misura e per liberi e franchi da qualsiasi peso ed ipoteca al-
l'infuori dei precisati pesi, del tributo fondiario, della tassa patrimoniale e di quella imposta stra-
ordinaria immobiliare corrispondente, del reddito agrario e tasse
inerenti e trasferendosi dal costituito Sig. Maffrolla Carlo tutti i suoi
diritti dominicali immette da
oggi la sua figlia Signorina Dorotea nel possesso legale e materiale
degli immobili medesimi. ————

L'altra costituita Signora Petrone Michelina, anche per il detto
progettato e conchiuso matrimonio,
ed a piena dimostrazione che ha

Dorotea pag 16

sempre nutrito verso la diletta sua figliuola Dorotea, espressamente, attualmente, irrevocabilmente e spontaneamente assegna e costituisce in dote alla detta sua figlia Signorina Mafrolla Dorotea, la quale accetta, Lire Diecimila (L. 10.000) in danaro contante, somma che i costituiti sposi Signori Medina Giambattista e Mafrolla Dorotea dichiarano di averla ricevuta poco prima della stipula di questo atto dalla predetta Signora Petrone e perciò ne rilasciano in favore di costei relativa quietanza.————

Stando quanto sopra si dichiara dai costituiti Signori coniugi Mafrolla Carlo e Petrone Michelina e loro figlia Dorotea che le innanzi fatte costituzioni di dote, l'una della complessiva somma di Lire Centoquindicimila e l'altra di Lire Diecimila come pure le altre Lire Ventiseimila quattrocento versate dal Signor

IL CONSERVATORE CAPO R.E.
(Dr. Vittorio Dirutti)

Carlo Mafrolla alla sua figlia Signorina Dorotea per le dette riparazioni e migliorie apportate al detto suo fabbricato alla via Forno De Angelis, vengono assegnate quale quota legittima spettante alla detta lorofiglia Dorotea sopra i futuri assi ereditari paterno e materno, la quale, ritenendosi lesa quale erede legittimaria sulla eredità paterna e materna, e volendo concorrere alle rispettive successioni con gli altri suoi fratelli e sorelle per stabilire la sua legittima, deve imputare a questa tutto ciò che ha ricevuto in dote con gli interessi legali dal Primo Gennaio 1939 relativi ai beni immobili e danaro contante, come pure tutte le spese di questo atto. ————

I costituiti Signori coniugi Mafrolla Carlo e Petrone Michelina dichiarano di non aver fatto altre assegnazioni alla stessa loro figlia Signorina Dorotea, e di avere altri figli.

E lo sposo Signor Medina Giambattista nell'accettare le predette costituzioni dotali si obbliga di conservare ed amministrare il tutto sotto
la più ampia responsabilità di legge. Inoltre lo stesso Signor Medina dichiara di non possedere, pel
momento, beni immobili e ne diritti capaci di ipoteca, e perciò tutte le
parti costituite esonerano me Notaio dall'obbligo dell'iscrizione
dotale disposta dalla Legge, e dispensano il Signor Conservatore
delle Ipoteche di Lucera dal pubblicare qualsiasi iscrizione di ufficio.

Le spese tutte del presente e successive rimangono a carico del
Signor Mariolla Carlo. ————

Io Notaio ho dato lettura di
questo atto in presenza dei testimoni alle parti le quali da me
interpellate dichiarano essere il
tutto conforme alla loro volontà.

Quest'atto scritto da persona di mia fiducia, su cinque

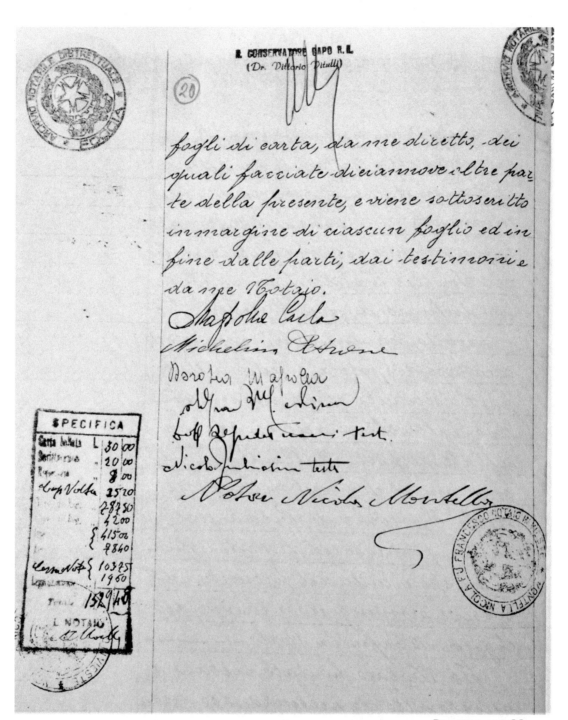

fogli di carta, da me diretti, dei
quali facciate diciannove oltre parte della presente, e viene sottoscritto
in margine di ciascun foglio ed in
fine dalle parti, dai testimoni e
da me Notajo.

Maffolie Carlo

Michelina Chione

Dorotea Mazzola

...

... testi.

Nicola Giuliani testi

Notaro Nicola Montella

SPECIFICA

Carta bollata	L	30 00
Scritturazio	"	20 00
...	"	8 00
Cop Volta		25 20
		287 80
		42 00
	§	415 00
		78 40
Tassa Not	§	103 75
		19 60
Totale		152 40

IL NOTAIO

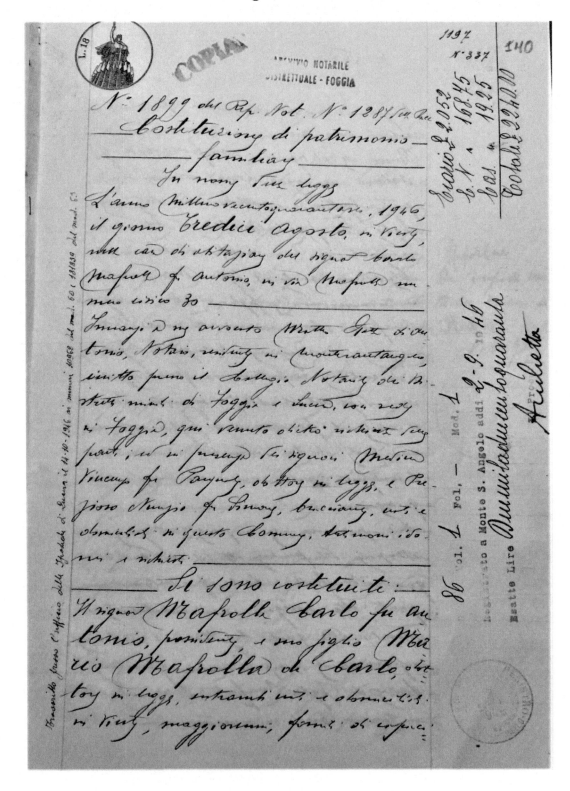

ti giuridica e sua consistenza personale io
notaio sono certo ————————

Premesso che il signor Masciulli Carlo fu
Antonio, con rogiti diversi, donava sua
quota legittima, e costituiva in dote ai
figli Giuseppina, Carola ed Elisabetta
una quota di beni mobili ed immobili.

Che avendo anche il figlio Mario contratto
matrimonio con la figlia Carico, il signor
Masciulli Carlo è venuto nella determinazione di assegnare sua quota legittima
e di costituir in patrimonio familiare, ai
sensi degli articoli 167 e seguenti del codi
ce civile, al predetto suo figlio Mario
una parte di beni immobili riservandosi
l'usufrutto sulla metà dei beni da asse
gnare. ————————

Ciò premesso, che a parte integrante e so
stanziale del presente atto, il costituito si
gnor Masciulli Carlo fu Antonio, con
questo atto assegna irrevocabilmente, in
acconto della quota legittima e costituisce
espressamente in patrimonio familiare in
favore del figlio Masciulli Mario, che accetta
un terreno boschivo messone, meno il colle

L. 18

ed a ferte pendenza, soggetto a vincolo forestale e completamente spalletto durante
il punto periodo bellico, sito in agro di
Vietri alla contrada "Cappari"; dell'ente-
rione di ettari cento cinquantanove, ary quini-
ci e centiary cinque, confinante a nord con Fosso di Mucarino, ad ovest con il Comune
di Vietri, a sud con Sang Mucino ed eredi
Brenane Matildy, a levante con lo stesso Chele Mapoli e precisamente dal con detto
"Pilou Cevo", scendendo per il margine
esterno del semectivo letto "Ghongicchio",
segue, poi, per la semecia che ha inizio
ai piedi di detto semectivo fin sotto la
con detta "Pescinella", dove il confine si
congiunge alla mucina del "Perchetto";
segue detta mucina a levante salendo a nord
fino all'altezza dell'area, di cui ono Muco
Mapoli ha diritto alla metà per l'uso,
tagliando la votabily nel punto dove esse
con colonia mena il "perchetto"; votabily
che rete in comuni con i segur cheve
Mapoli scende ad angolo ad incontrare
lo spigolo est della terrazza fin con colonia, dy rete esclusa dalla presente gue-

Mapoll con
Per Corapolla Ma
Medua Vincenzo - Sa
Previsso - Corte
Not_ Gal_

4110

secondo ancora per la minore del così detto "orticello"; il quale ente di proprietà - di con- Mafrolla Carlo fino alla località detta "Lupino" e per un breve tratto segue il torrente pubblico di "Sfrangone" per poi, secondo alla rotabile Vieste - Manfredonia, di cui al tipo di frazionamento da allegarsi alla domanda di voltura, riportato nel catasto rustico di Vieste alla partita 551 - Ditta Mafrolla Carlo fu Antonio - Foglio 39 - Particelle 19 - 20 - 21 sub a - Foglio 46 - Particelle 1 - 17 sub a - 18 - 2 - 3 sub a - 21 sub b - 23 sub a - 24 - 25 - 26 sub a - 28 sub a - 28 sub c - 31 sub d - 31 sub f - Estensione ettari 159.15.05 - Reddito dominicale lire 16.248,22 ___

I terreni seminativi esistenti nel predetto fondo sono di scarsissimo valore, perchè prettamente rocciosi tanto da non ricavarsi neppure il seme ___

Detto immobile ha il passaggio pedonale sulla rotabile, dal lato [illegible] colonica meno alla rotabile Vieste - Manfredonia e al ente di proprietà del signor Mafrolla Carlo ___

Mario pag 4

L'assegnazione viene fatta per franca e libera da
ogni vincolo od ipoteca, meno del tributo fondiario e tasse inerenti. E da oggi, andranno
carico di esso Mapelli Mario _____

Per effetto della presente convenzione il signor
Mapelli Mario di Carlo, da questa sta-
può godere e disporre del fondo rustico
innanzi descritto, in vero ed assoluto possesso e con tutti quei diritti, ragioni ed azioni,
che prima competevano al signor Carlo
Mapelli, il quale promette di più esten-
ed ampia garanzia in caso di molestia
o di evizione _____

Il signor Mapelli Carlo si riserva l'u-
sufrutto sulla metà dell'innanzi descritto
immobile _____

A seguito della costituzione del predetto fondo rustico in patrimonio familiare, il signor Mapelli Mario non
potrà né alienare, né ipotecare o comunque vincolare il detto immobile e i frutti del ripetuto fondo rustico, limitatamente alla metà, andranno a vantaggio della famiglia _____

Nell'ipotesi che qualora di venisse vo-

...gli impone un giudizio di collazione verso il signor Graziolo Luzio, nei colenti si effettuerano in quel collazione sono essere decompilata la metà del immobile spettante al signor Graziolo Carlo e gli venne poi percepito da suo fratello Luzio —————

Il signor Graziolo Carlo, a mia domanda, dichiara di non aver fatto precedenti auguri al figlio Mario —————

Agli effetti della tassa di registro le parti dichiarano che l'immobile anzidetto ha il valore di lire Sessantaseimila —————

Le parti dispensano il signor Conservatore degli atti ipoteca da qualunque iscrizione legale o di ufficio derivante dal presente rogito —————

Richiesto io notaio ricevo questo atto, che viene da me letto, in presenza dei testimoni, alle parti, le quali, da me opportunamente interpellate, hanno dichiarato di esser il contenuto del tutto conforme alla loro volontà —————

È scritto di mio pugno in di... [?]

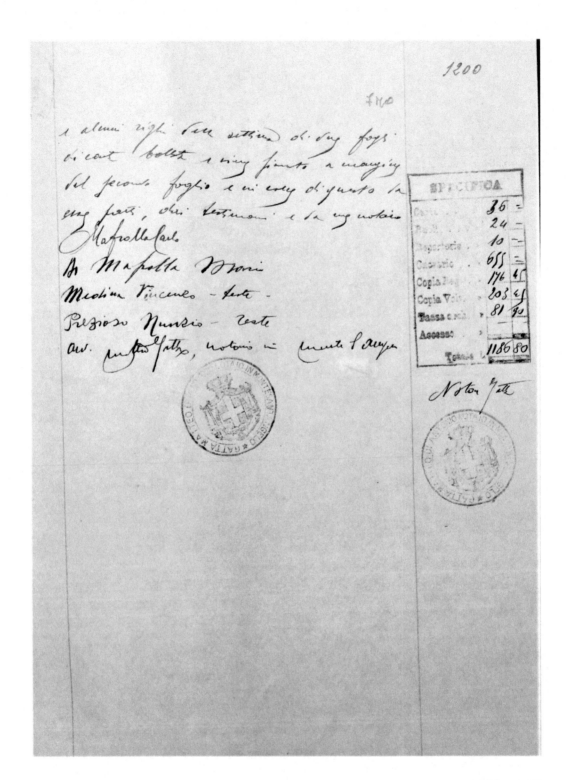

1200

e alcuni righi [...] settimo di una foglio
di carta bollata e rigo quarto a margine
del secondo foglio e ni crug di questo la
una parti, dei testimoni e da me notaio

Mafrolla Carlo
Dr Mafrolla Mario
Medium Vincenzo - teste -
Prezioso Nunzio - teste
Avv. [...] Gatto, notaio in Monte S.Angelo

ESPLICA		
Certa	36	-
Bollo	24	-
Repertorio	10	-
Catastro	655	-
Copia Reg	176	45
Copia Vol	203	45
Tassa arch	81	90
Accesso		
Totale L.	1186	80

Notaio Gatto

Mario pag 7

42

ALLEGATO n° 8

La donazione di Carlo Mafrolla al figlio Antonio
13 agosto 1946

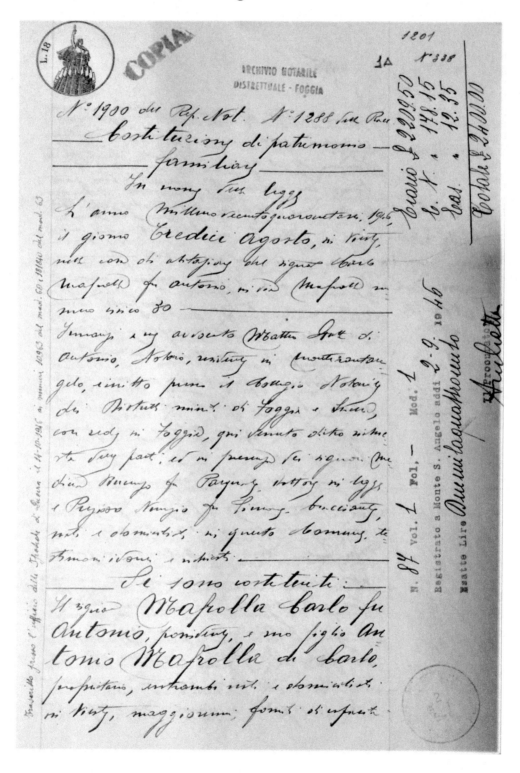

Mafrolla Carlo
Mafrolla Antonio
Mestica Vincenzo - teste di...
Prezioso - teste
Notar fole

giuridica e tutt... con identit... presenz... io certa
io sono certo _____

Primum che il signor Mafrolla Carlo fu Antonio, con distinti atti, donava, delle quote
legittime, e costituiva in dote per figli Giuseppina, Dorotea ed Elisabetta una quota
di beni mobili ed immobili _____

Che avendo anche il figlio Antonio contratto
matrimonio, il signor Mafrolla Carlo
è venuto nella determinazione, riconoscendo, della quota legittima e di costituire
in patrimonio familiare, ai sensi degli
articoli 167 e seguenti del codice civile,
al predetto suo figlio Antonio una parte di
beni immobili rimanendosi l'usufrutto sulla metà dei beni da assegnarsi _____

Ciò premesso, che a parte integrante e so-
stanziale del presente atto, il costituto signor
Mafrolla Carlo fu Antonio, con questo
atto, assegna irrevocabilmente, in acconto
della quota legittima, e costituisce espressamente in patrimonio familiare in favore
del figlio Mafrolla Antonio, che accetta
un terreno boschivo vocato, ... in col-
tine, soggetto a vincolo forestale e quali

Antonio pag 2

44

L. 18

1203

3A

suppletamente distrutto la recente rovina, sito
in agro di Vieste alla contrada "Cupari",
della estensione di ettari centocinquantanove
are quarantaquattro e centiare diciassette,
confinante a nord con il Comune di Vieste e
fosso Malisimo, a ponente con lo stesso
Comune da una linea che partendo dall'estre-
mità segue lo spartiacque del declivio a
cui piedi esiste una piccola grotta fino a
raggiungere la strada che dal Cancello di
Ruccia sale alla Comune raggiungendo
il così detto primo "guado" sul tratturo
di "Pecoriello" fino ad un punto si-
tuato a monte della così detta "Mandri-
ale Vecchia" scende a ponente per la ca-
rrara del "Parchetto" fino al fosso proveniente dalla zona di "Pecoriello", e quindi,
sale per il muro a secco, che si congiunge
ad altra muraccia a confine con Giovanni
Giuseppe, a sud-est con il detto Giovanni,
Comune di Vieste, eredi Spina e a levante
con Mattucci Vincenzo, riportato nel catasto rustico di Vieste nella partita 551 - Ditta Ma-
fulli Carlo fu Antonio - foglio 39 - Particelle 1 sub a - 1 sub b - 2-3-4-5-6-

Antonio pag 3

7 mb a - 8 - 11 mb a - 11 mb b - 11 mb
c - 11 mb d - 12 mb a - 12 mb b - 12
mb c - 12 mb d - 13 mb e - 22 mb
a - 14 - 15 mb b - 31 mb b - 10 - 13 - 9 -
31 mb a - 11 mb f - 11 mb g - Estensione ettari 155. 44. 17 - Reddito Domini-
liц 12.186,10, giusta tipo di frazionamento del geometra Belli Santi. _____

I terreni suindicati si trovano nel predetto fondo uno di menomissimo reddito per
le forti pendenze e per il sottile strato di
terra, mentre la porzione diretta è stata
in gran parte distrutta da uno degli ulti-
mi incendi. _____

L'assegnazioni sono fatte per franca e libera
da ogni vincolo od ipoteca, meno del tributo fondiario e spese inerenti; ed. da oggi si
trovano a carico di esso Marspolti Antonio.
Pei effetto del presente convenzione il coti-
tuito signor Marspolti Antonio di Carlo
b, da questa data, può godere e disporre
sull'immobili sopra descritto, da vero ed
assoluto padrone e con tutti quei diritti,
ragioni ed azioni, che prima competevano
al signor Carlo Marspolti, il quale pro-

molti la più estesa ed ampie garanzie in
uno di molestia o di evizione ____

Il signor Maffioli Carlo si riserva l'u-
sufrutto sulla metà dell'immobile suddetto
immobile ____

A seguito della costituzione su predetto fondo
rustico in patrimonio familiare il signor
Maffioli Antonio non potrà né alienare,
né ipotecare o comunque vincolare il detto
immobile e i frutti del ripetuto fondo rustico, limitatamente alla metà, andranno
a vantaggio della famiglia ____

Nell'ipotesi che parlassero dei comuni voglia
iniziare un giudizio di collazione verso i
signor Maffioli Antonio, nei calcoli che
si effettueranno in questa collazione dovrà
essere scomputata la metà sue'usufrutto
spettante al signor Maffioli Carlo che
non viene percepito da uno Maffioli
Antonio. ____

Il signor Maffioli Carlo, a mia domanda,
dichiara di non aver fatto precedenti assegni
assegni al figlio Antonio ____

Il predetto fondo rustico ha il passaggio
perpetuo sulla rotabile che dalla casa colo

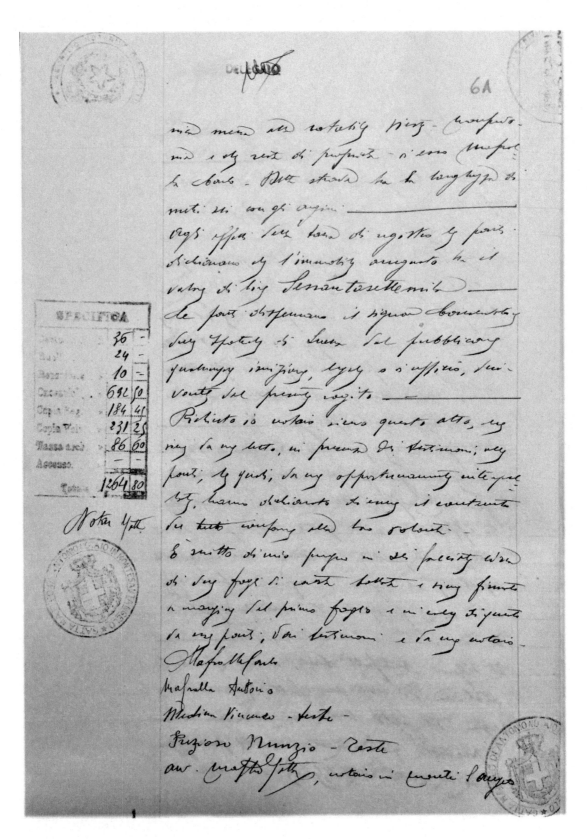

Del fatto

mia menro alla notabile piazza. Compiuto
ma a qualche resto di presente... si sono compiuti
le ch... Detta strada ha la lunghezza di
metri sei con gli argini. ___

Dagli effetti sull'area di registro le parti
dichiarano che l'immobile aumenta ha il
valore di lire Settantasettemila ___

Le parti dispensano il signor Conservatore
dell' Ipoteca di Lucera dal pubblicare
qualunque iscrizione, legale o d'ufficio, derivante dal presente registro. ___

Richiesto io notaio sieno questo atto, ro-
gato da me letto, in presenza di testimoni; alle
parti, le quali, da me opportunamente interpellate, hanno dichiarato di essere il contenuto
per tutto conforme alla loro volontà. ___

È scritto di mio pugno in di facciata una
di due fogli di carte bollate e trovasi firmato
a margine del primo foglio e in calce di questo
da me parti, dai testimoni e da me notaio. ___

Mafrolla Carlo
Mafrolla Antonio
Medium Vincenzo - teste -
Spizioso Nunzio - teste
avv. Matteo Spitz, notaio in questi luoghi

SPECIFICA

Voce	Lire	Cent.
...	36	-
...	24	-
...	10	-
Originale	692	50
Copia reg	184	45
Copia Vol	231	25
Tassa arch	86	60
Accesso	-	-
Totale	**1264**	**80**

Notaio Spitz

Antonio pag 6

COPIA

344   1HA

N° 125

N° 2595 di Rep. Not. N° 1713 di Racc.

Costituzione di dote

Repubblica Italiana

In nome della legge

L'anno millenovecentoquarantasette, 1947,
il giorno Ventisei Febbraio, in Resty,
nella casa di abitazione del signor Carlo
Mafrolla, in via Mafrolla numero 30 —
Innanzi a me avvocato Abbatte Gaeta di
Antonio, Notaio, residente in [...],
iscritto presso il Collegio Notarile di
[...] riuniti di Foggia e Lucera, con sede
in Foggia, qui venuto dietro richiesta delle
parti; ed in presenza dei signori Banghi
Santa fu Nicola, contadino, e Di [...]
[...] Gaetano di Giorgio, bracciante,
nati e domiciliati in questo Comune,
testimoni idonei e richiesti: —

—————— Si sono costituiti: ——————
I coniugi signori Mafrolla Carlo fu Antonio, e Petrone
Michelina fu Pasquale, possidenti, da una parte, e i coniugi signori Mafrolla Maria di Carlo e
dottor Cirillo Francesco fu

Orario £ 4.066   3.11.25

20. N. « 12.45

20. As. « 12.45

Totale £ 4.390.00

Registrato a Monte S. Angelo addì 17.3. 1947

Esatto Lire Quattromila trecento novanta —

Il Ricevitore

N° 528 vol. 1 Fol. — Mod. 1

Trascritto presso l'ufficio delle Ipoteche di Lucera il 29-3-1947 ai numeri 4599 del mod. 60 e 3902/02 del mod. 63

Luigi, proprietari, dall'altra, tutti noti e
domiciliati in Vietri, maggiorenni, forniti di capacità giuridica e delle cui identità personali io notaro sono certo ———
Il costituito signor Mafrolla Carlo
fu Antonio, a dimostrare il suo vivo
compiacimento pel matrimonio della sua
figlia Maria ha recentemente contratto
col signor dottor Cirillo Francesco fu
Luigi, con questo atto, dona irrevocabilmente, dalla quota legittima, e costituisce espressamente in dote in favore della predetta sua
figlia Maria, li ringraziamo recita i
seguenti immobili: ———————————

1.) Appezzamento di terreno olivetato,
con fabbricato rurale e con tutti gli altri
comodi, accessori e dipendenze, sito in
agro di Vietri alla contrada "Monte
Leary", della estensione di ettari ——,
are tre e centiare sessantatre, confinante con il tratturo detto di "Baldani"
a ponente, col tratturo detto di "Chiarro-
ta" a nord e con il sovrano strada a levante,
tutto circondato di muro a secco, riportato nel catasto antico di Vietri alla

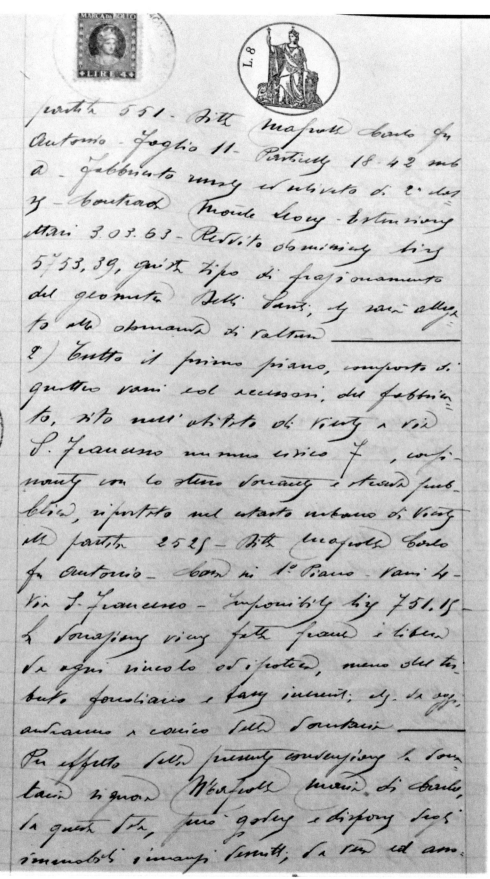

partita 551 - Ditta Marioli Carlo fu
Antonio - Foglio 11 - Particella 18.42 mb
a - Fabbricato uno ed abitato di 2° dei
3 - Contrada Monte Leone - Estensione
ettari 3.07.63 - Reddito dominicale lire
5753,39, giusta tipo di frazionamento
del geometra Belli Paris; da come allegato alla domanda di voltura _____

2) Tutto il primo piano, composto di
quattro vani col accessori, del fabbrica
to, sito nell'abitato di Viesty a via
S. Francesco numero civico 7, confinante con lo stesso donante e strada pubblica, riportato nel catasto urbano di Viesty
alla partita 252 - Ditta Marioli Carlo
fu Antonio - Casa al 1° Piano - vani 4 -
Via S. Francesco - Imponibile lire 751.15

La donazione viene fatta franca e libera
da ogni vincolo od ipoteca, meno che tributo fondiario e tassa inerenti; che da oggi
andranno a carico della Donataria _____

Per effetto della presente convenzione la Donataria signora Marioli Maria di Carlo,
la quale può godere e disporre degli
immobili innanzi scritti; ha vero ed ammesso

Maria pag 3

51

...lui padrone e con tutti quei diritti, ragioni,
ed azioni, che prima competevano al donante, il quale promette la più estesa ed
ampia garanzia nei casi di molestia o di
evizione. —

Successivamente la signora Pittoni Maddalena fu Pasquale, a dimostrare anche
lei la sua viva soddisfazione pel suddetto matrimonio, dona irrevocabilmente,
sulla quota legittima, in favore della figlia
Anafiotta Maria di Carlo, che accetta,
lire diecimila in titoli del pre-
stito della ricostruzione, nolimitili tre
e cinquanta per cento, di la ricevimento e
quova Anafiotta dichiara di aver riceva-
to precedentemente alla presente stipula, e
quindi, rilascia quietanza. —

I coniugi signori Anafiotta Carlo fu
Antonio e Pittoni Maddalena fu Pasquale,
a mia domanda, dichiarano di non aver
fatto precedenti donazioni alla figlia
Maria. —

Le parti dispensano il signore Conservatore delle Ipoteche di Lucca dal pubblicare
qualunque iscrizione, legale o di ufficio...

dichiarano del presente rogito.

Agli effetti della tassa di registro le parti dichiarano che gl'immobili donati hanno il valore di lire **Centoquattordicimila**.

Richiesto io notaio ricevo questo atto di cui presi lui letto, in presenza dei testimoni, alle parti; le quali da me opportunamente interpellate, hanno dichiarato di me il contenuto del tutto conforme alla loro volontà.

È scritto di mio pugno in queste presenti tre di due fogli di carta bollata e viene firmato a margine del primo foglio e in calce di questo da me parti, dei testimoni e da me notaio

Jacopo Carlo

Michelina Ostrova

Maria Mafoller

Francesco Vidoni

Coglia Santo testi

Di Chauro Gaetano testi

avv. mostro atto, notaio in morto e augio

Notaio fatto

ARCHIVIO NOTARILE
DISTRETTUALE - FOGGIA   L. 8   COPIA

N° 616 del Rep. Not.   N° 447 Sett. Rec.

Costituzione di dote

Umberto di Savoia
Principe di Piemonte
Luogotenente Generale del Regno

L'anno Millenovecentoquarantacinque, 1945,
il giorno Dodici Gennaio, in Vieste,
nella casa di abitazione del signor Carlo
Mafrolla fu Antonio, in Via Mafrolla
n. 30

Innanzi a me avvocato Matteo Gatta di
Antonio, Notaro, residente in Montesantangelo, iscritto presso il Collegio Notarile dei Distretti riuniti di Foggia e Lucera, con sede
in Foggia, ed in presenza dei signori Medina
Vincenzo fu Pasquale, dottore in legge, e Bonaddio
Bernardino fu Gaetano, possidente, nati e domiciliati in Vieste, testimoni idonei e richiesti.

Si sono costituiti

Da una parte i coniugi signori Carlo
Mafrolla fu Antonio
e Petrone nobildonna Michelina fu Pasquale, possidenti,
e dall'altra i coniugi Biagio

Mafrolla fu Antonio e Mafrolla Elisabetta di Carlo, pure possidenti, nati e domiciliati in Vieste e Via Mafrolla n. 30, maggiorenni, forniti di capacità giuridica e della cui identità personale io notaro sono certo. —

Il costituito signor Carlo Mafrolla fu Antonio, a seguito dell'avvenuto matrimonio della figlia Elisabetta con il signor Biagio Mafrolla fu Antonio, con questo atto, dona e costituisce in dote, dalla quota legittima, in favore della figlia Elisabetta Mafrolla di Carlo, che, ringraziandolo, accetta i seguenti immobili:—

1°) Casa di abitazione in primo piano di quattro vani con sottoscala, sita nell'abitato di Vieste e Via S. Maria di Merino n. 17, confinante con Biagio Mafrolla e strada pubblica; nel catasto urbano di Vieste alla partita 2525 — Ditta Mafrolla Carlo fu Antonio — Largo S. Croce — Soprani 4 — Mappa n. 1163/13 — Imponibile frazionato e concordato lire 521.35.—

2°) Cinque case in piano terreno di un vano ognuno, site nell'abitato di Vieste e Via S. Maria di Merino numeri 10 – 11 – 13 – 14 e Via dottor Giuliani n. 35 confinante con

Mafrolla Carlo
Michelina Petrone
Mafrolla Biagio
Elisabetta Mafrolla
Dott. Vincenzo Medina, Testi
Do andio Berardino, Testi
Notar Gatta

Elisabetta pag. 2

55

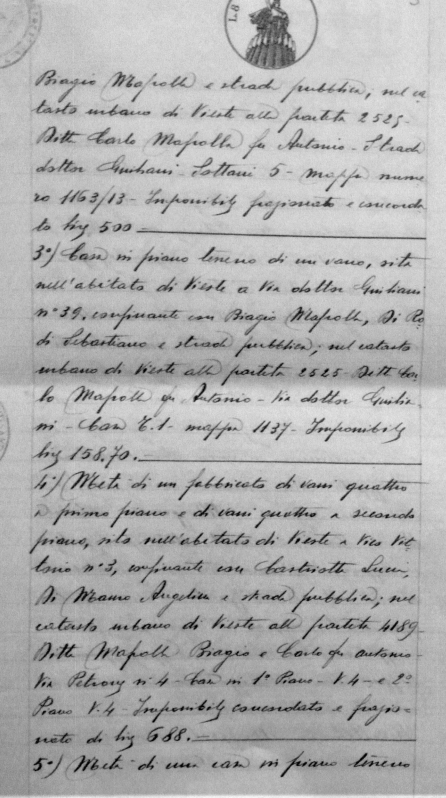

Biagio Mafrolla e strade pubbliche; nel ca
tasto urbano di Vieste alla partita 2525-
Ditta Carlo Mafrolla fu Antonio - Strada
dottor Giuliani - Sottani 5 - mappa nume
ro 1163/13 - Imponibile fragionato e concorda
to lire 500 =

3°/ Casa in piano terreno di un vano, sita
nell'abitato di Vieste a Via dottor Giuliani
n° 39, confinante con Biagio Mafrolla, Di Ro
di Sebastiano e strade pubbliche; nel catasto
urbano di Vieste alla partita 2525 - Ditta Car
lo Mafrolla fu Antonio - Via dottor Giulia
ni - Casa T.1 - mappa 1137 - Imponibile
lire 158.70. =

4°/ Metà di un fabbricato di vani quattro
al primo piano e di vani quattro a secondo
piano, sito nell'abitato di Vieste a Vico Vit
torio n°3, confinante con Bartirotti Luca,
Di Mauro Angelica e strada pubblica; nel
catasto urbano di Vieste alla partita 4189
Ditta Mafrolla Biagio e Carlo fu Antonio
Via Petrony n° 4 - Casa in 1° Piano - V.4 - e 2°
Piano V.4 - Imponibile concordato e fragionato di lire 688. =

5°/ Metà di una casa in piano terreno

IL DELEGATO

di un vano, ad uso di stalla, sita nell'abitato di Vieste a Vico Caruso n° 2, confinante con Donadio Berardino e strada
pubblica; nel catasto urbano di Vieste alla
partita 4189 - Ditta Masiello Biagio e Carlo fu Antonio - Vico Petracy n° 2 - Classe in
P.E.V.1 - Mappa n° 619 - Imponibile frazionato e concordato di lire 66,70 _____
La donazione viene fatta per franca e libera
da ogni vincolo ed ipoteca, meno del tributo fondiario e del canone, di lire ventisei e centesimi settanta dovuto al Capitolo della Cattedrale di Vieste, quali, per; da
oggi, andranno a carico della donataria.
Per effetto della presente convenzione la
donataria signora Masiello Elisabetta di Carlo, da questa città, può godere
e disporre degl'immobili innanzi descritti,
da vera ed assoluta padrona e con tutti
quei diritti, ragioni ed azioni, che prima
competevano al donante, il quale promette
la più estesa ed ampia garantia in caso di
molestia o di evizione. _____
Il costituito Masiello Carlo fu Antonio, dichiara di aver donato alla figlia E-

Elisabetta pag. 4

57

lisabetta, in occasione del suo matrimonio,
la somma di Lire Ventiduemila,
per acquisto di corredo, di cui i coniugi
Mafrolla Biagio fu Antonio e Mafrol
la Elisabetta di Carlo accusano ricezione
e rilasciano quietanza. _____

L'altra costituita nobildonna Petrone
Michelina fu Pasquale dichiara, altresì, di
aver donato alla ripetuta figlia Elisabetta,
in occasione del suo matrimonio, la somma
di Lire Diecimila, di cui la medesima
signora Mafrolla Elisabetta accusa ricezione
e rilascia quietanza _____

I donanti, a mia domanda, dichiarano di
non aver fatto altra donazione alla figlia
Elisabetta e di avere altri sette figli di nome
Giuseppina, Antonio, Dorotea, Mario, Antonio, Monni ed Italia. _____

Agli effetti della tassa di registro le parti dichiarano che gl'immobili donati hanno il
valore di Lire Centodiciottomila.
Le spese di questo atto sono a carico del
signor Carlo Mafrolla, spese che dovranno venir calcolate nell'asse ereditario in caso di collazione all'epoca del decesso di

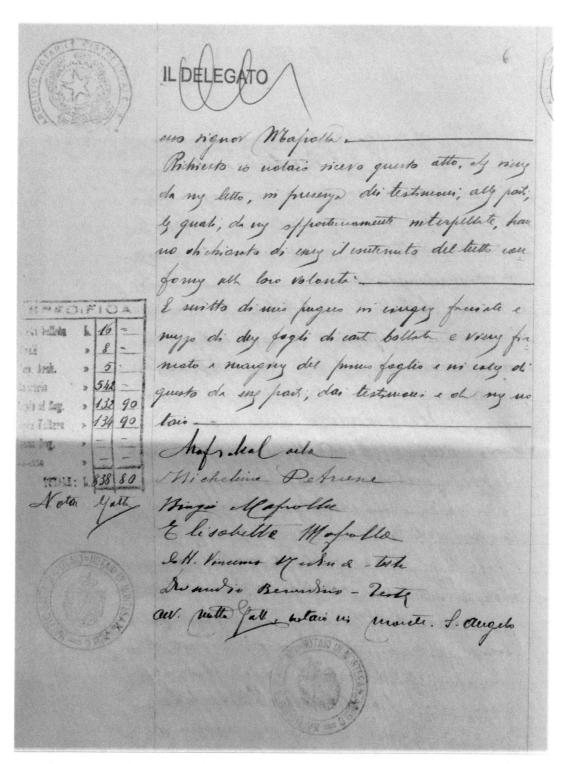

IL DELEGATO

euo signor Massolla _____

Richiesto io notaio ricevo questo atto, eg ning
da me letto, in presenza dei testimoni; alle parti,
le quali, da me opportunamente interpellate, han
no dichiarato di essere il contenuto del tutto con
forme alle loro volontà _____

E scritto di mio pugno in margine e
mezzo di due fogli di carta bollata e viene fir
mato e margine del primo foglio e in calce di
questo da me parti, dai testimoni e da me no
taio _____

Maria del Carla _____
Michelina Petrone
Biagio Massolla
Elisabetta Massolla
Io H. Vincenzo Medone _ teste
Alessandro Berardino _ Teste
Avv. Matteo Galli, notaio in Monte S. Angelo

	l.	16	—
	»	8	—
	»	5	—
	»	54?	—
	»	13?	90
	»	134	90
	»	—	—
	»	—	—
TOTALE:	L.	838	80

Nota Gatti

Elisabetta pag. 6

Testamento olografo

Prima che io dia posto alle disposizioni testamentarie, devo dire
che quanto oggi posseggo non è che il residuo del patrimonio che mi fu tramandato dalla saggezza dei miei avi.
Da quel patrimonio alcuni lustri addietro, trassi le quote
legittime per i miei figli Giuseppina, Dora, Elisabetta, Mario,
Antonio e Maria.
Devo quindi dire che i beni tuttora in mio possesso, cioè
gli oliveti Focareta, ~~~~~~~~~~, Hª 13,4002 e Monteleone,
Hª 10,2982, in agro di Vieste, e la casa di abitazione in
Napoli, alla via Posillipo 1684, con gli accessori e con mobili, arredi e quanto altro vi è contenuto è mia volontà
che quando avrò cessato di vivere e vita durante di mia
moglie, restino indivisi e con le dette immutate, salvo
quanto dirò appresso per la casa d'abitazione.
Su questi beni, mia moglie, vita durante e senza obbligo di
inventario, avrà l'usufrutto e ne esigerà direttamente le rendite, perché a lei spetterà anche l'amministrazione.
Qualora vi sarà qualche rendita con origine anteriore al mio
decesso, ella ne avrà il possesso; come avrà l'immediato possesso
di eventuali depositi bancari, che le saranno utili per far
fronte agli oneri fiscali e ad altre necessità.
Quando anche mia moglie avrà cessato di vivere, i predetti beni
saranno divisi, in usufrutto e proprietà, nel modo come dirò qui
appresso.
A mia figlia Itala spetterà l'oliveto Monteleone, innanzi descritto,
con fabbricati rurali ed un piccolo agrumeto.
Da detto oliveto sarà però distaccato, sul confine con le proprietà
di mia figlia Maria, una zona comprendente duecento (200)
alberi di ulivi che si dovrà subito vendere per distribuire il
ricavato alle altre mie figlie e alle mie nipoti, figlie

del defunto Mario.

Mia figlia Giuseppina, avvalendosi dell'opera di un perito, scelto di accordo con la sua sorella Itala, curerà il distacco della zona, la vendita e la distribuzione del ricavato netto fra le parti, come ho spiegato innanzi.

Qualora l'acquirente non sarà un confinante, l'accesso alla zona sarà dato, per pedoni e quadrupedi condotti a mano, dal varco prospiciente la località Celle, e in prossimità del muro a secco sul confine Starace.

A mia figlia Itala spetterà pure la casa d'abitazione in Napoli, alla via Posillipo 168 A, così come ho descritto innanzi.

Qualora mia moglie e mia figlia Itala decidessero di lasciare Napoli, o per far fronte ad oneri fiscali, esse potranno vendere la predetta casa d'abitazione, pur lasciando immutati e separati i diritti di usufrutto e di proprietà sul ricavato della vendita e sul suo residuo -

A mio figlio Antonio spetterà la parte dell'oliveto Focarita, in agro di Vieste, corrispondente alla particella catastale 41, con accesso sulla statale per Peschici e con un fabbricato rurale a pianterreno - Da questa particella sarà detratta, sul lato sud, una zona per unirla alla particella catastale 47, come parte integrante dell'altra quota dell'oliveto Focarita che, come dirò in seguito, sarà assegnato a mio nipote Carlo, fu Mario. La zona da detrarre dalla particella 41, avrà origine dall'orlo destro della strada interna, proveniente dalla particella 47 e dall'accesso sulla statale per Mattinata e che si incrocerà con l'altra strada interna proveniente dalla statale per Peschici. Questa linea di confine corrisponderà al lato verso levante della zona stessa, la quale si prolungherà verso occidente, fino a raggiungere il muro a secco sul confine già daprocina ed il confine Foglia a tergo del fabbricato rurale, denominato "torre rossa", con pianterreno e primo piano. A messogiorno e ad occidente il confine corri sponderà a quello che ora appartiene alla particella catastale 41, mentre a settentrione, cioè a destra, la zona sarà separata dalla particella anzidetta dalla linea mediana della strada interna, immansi citata, proveniente dalla statale per Peschici. La strada interna ha origine dal cancello sulla detta statale, lascia poi sulla sinistra la breve biforcazione di accesso al fabbricato rurale a pianterreno, detto Santaniello quindi passa a tergo di detto fabbricato, prosegue verso occidente, lascia ancora sulla sinistra l'incrocio con l'altra strada interna proveniente dalla particella catastale 47, infine, in prossimità del muro a secco, immansi citato, piegherà a mezzogiorno, per dare accesso al fabbricato rurale, Torre rossa. Il breve tratto di confine, da questa curva al muro a secco anzidetto, sarà dato dal prolungamento della linea mediana della strada interna, in parola, che non accompagnerà la curva, ma proseguirà in linea retta, fino alla base del muro a secco; se qualche ceppaia di olivo si trovasse sulla retta, questa inchiuderà la pianta nella quota verso la quale la ceppaia è maggiormente sviluppata.

A mio nipote Carlo, del defunto mio figlio Mario, come ho immansi accennato, spetterà l'altra quota dell'oliveto Forareta che comprenderà la particella catastale 47, alla quale verrà annessa la zona da distaccare dalla particella 41, come ho dettagliatamente detto immansi. In questa quota sarà perciò compreso il fabbricato denominato "Torre rossa" e saranno anche compresi i due tronchi di strade interne l'uno proveniente dalla particella 47 e l'altro dalla curva immansi descritta, di accesso alla Torre rossa. Il tratto della strada interna proveniente dalla statale per Peschici, lungo il quale si stenderà la linea mediana che separerà le due quote, sarà messo a coltura dai due proprietari limitrofi, i quali se vorranno disporre di un muro. Tratto di strada interna, in sostituzione di quello da coltivare, dovranno all'uopo destinare uno spazio nei confini della rispettiva quota di oliveto.

Prima di terminare questo scritto credo necessario aggiungere che quando ho accennato agli accessori della mia casa di abitazione in Napoli, in essi comprendevo anche i due piccoli terranei, uno adibito a cantina e l'altro a rimessa d'auto, che reste

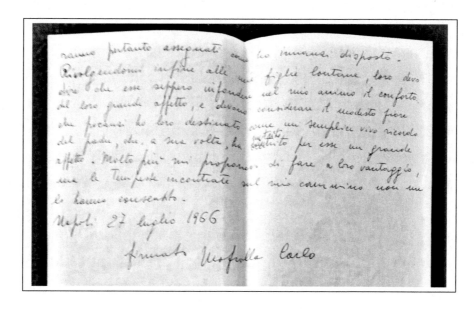

ALLEGATO n° 12

su " Matìas (Matteo) Mafrolla "

Don Mario dell'Erba nelle sue ricerche sull'albero genealogico della famiglia Mafrolla, riuscì a ritrovare un certo Matteo Mafrolla che nel 1524 partecipò alla spedizione di Caboto verso il Mar de la Plata.

Al fine di acquisire maggiori informazioni e conferme sull'argomento la mia ricerca è così iniziata su internet:

Da: https://www.treccani.it/enciclopedia/giovanni-e-sebastiano-caboto_%28Enciclopedia-Italiana%29/

Costruita in poco più di tre mesi una nave sussidiaria, il 15 febbraio del **1527** la spedizione (di Caboto) salpava da S. Catharina, e raggiungeva il 6 aprile il luogo che chiamò S. Lazzaro, forse un seno presso l'attuale Colonia di Sacramento. Di qui s'inizia **l'esplorazione al Plata**, che è forse l'impresa più gloriosa e più feconda di risultati del grande navigatore. .... (omissis) Quasi contemporaneamente si costituì a Siviglia, con un capitale di 10.000 ducati, una compagnia di mercanti e armatori, ...per un viaggio commerciale alle Molucche, "sub spe magni lucri"; il comando venne affidato a **Sebastiano Caboto**, il quale ai primi di settembre del 1524 ottenne il permesso di lasciare la sua carica di pilota maggiore. In nome della compagnia egli condusse delle trattative col governo spagnolo per sollecitarne il concorso e il 4 marzo 1525, a Madrid, si perfezionò una convenzione con varie clausole, fra le quali **la limitazione del numero degli stranieri imbarcati**, la nomina di Sebastiano Caboto a capitano generale, la partecipazione della Corona ai profitti nella misura del 5%. **Alla spedizione parteciparono tre navi** - la "S. Maria de la Concepción", capitana, la "S. Maria del Espinar", **la "Trinidad"** - e un "brigantino" - il "S. Gabriel" - armato da Miguel de Rifos.

Numerosi erano a bordo gli Italiani (gli elenchi pubblicati da J. Toribio Medina ne danno una trentina di nomi)...(omissis) ......comandante della **"Trinidad" era Francisco Rojas.**

Sulla base di queste informazioni, sono riuscito ad ottenere ed a consultare i libri di Josè Toribio Medina intitolati: **"El veneciano Sebastiàn Caboto al servicio de Espana"**.

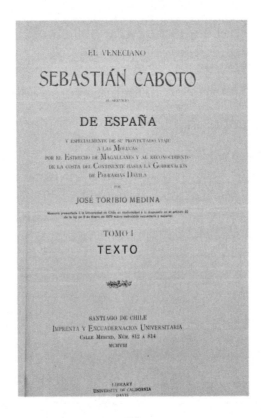

Nel Tomo I, al Capitolo XVIII J. Toribio fa conoscere i nominativi di 203 uomini che accompagnarono Caboto, *"in quei giorni memorabili della storia, nelle scoperte spagnole del nuovo mondo nel XVI secolo",* e nel suo viaggio fino al fiume Solis.

Di questi 203 "companèros" Toribio ne descrive brevemente le caratteristiche, seppur a volte controverse, per le testimonianze derivanti dai difficili rapporti che incorrevano tra i marinai, i sottoufficiali ed i comandanti delle navi.

A pagina 254 del Tomo I, è riportato il nominativo di "Matìas Mafrolo", con la relativa "presentazione" che qui viene riportata con la traduzione dallo spagnolo in italiano:

MAFROLO (Mattia, o Matteo) - Lo chiamavano semplicemente nostromo Matiàs, questo era il suo incarico sulla "Trinidad". Qualcuno dell'equipaggio sosteneva che fosse uno "schiavetto". Giurò a Caboto nella chiesa di San Francesco di Sanlùcar di Barrameda che lo avrebbe servito bene e lealmente, e dai fatti accaduti a bordo si può evincere che in realtà questo giuramento si riferisca all'attività di "spia" nei confronti di Rojas, per il quale prestava servizio. Le sue soffiate a Caboto sortirono infatti l'effetto di mandare a processo il Comandante. Scegliendo lui, Caboto non si sbagliò sulle capacità dello stesso di aiutarlo nei suoi propositi. Sembra che Mafrolo non tornò in Spagna, e sicuramente non lo fece con Caboto, perché risulta che su suo comando "fu mandato ad esplorare l'entroterra", e quando la flotta partì per tornare a Castiglia, non era tornato..." Nella denuncia che Ponce ed i suoi compagni fecero agli armatori per i loro emolumenti, questi asserirono che nel 1532 (Mafrolo) stesse ancora al Rìo de Solìs.

Nel Tomo II si trovano i verbali di "processi" fatti a carico di alcuni partecipanti alla spedizione, e "Matìas Mafrolo" è citato più volte:

La definizione impropria di "schiavetto", di "spia", a lui data dai suoi avversari, trova una spiegazione a pag. 318 dove si trovano le parole dette da "Matias" che, a seguito del giuramento prestato, risponde, come testimone, a numerose domande circa il comportamento del comandante della nave Trinidad Francisco de Rojas:

*"Muy magníficos señor . — **Matìa Mafrolo**, contramaestre del nao "Trinidad", digo que por cuanto Vuestra Merced me tomó juramento en San Lúcar de Barrameda, en la iglesia de San Francisco, para que yo serviría bien efi el é lealmente á Su Majestad é a Vuestra Merced en su nombre , e' que ansimismo si yo supiese que algunas personas deserviesen a Su Majest ad é a Vuestra Merced en su nombre , que se lo haría sabe é me juntaría con Vuestra Merced contra las tales personas; por tanto, digo que en los días pasados en la isla de La Palma, el capitán Francisco de Rojas, capitán de la nao "Trinidad", é Martín Méndez, è Otavián de Brine, é Miguel de Rodas é ' Alonso de Santa Cruz é aspar de Rivas se juntaban en uno todos juntos a hacer manipudios, an sí en tierra, en casa de un mercader sevillano que estaba en La Palma , como en la nao Trinidad; yo no lo hice saber à Vuestra Merced entonces , porque no sospechaba cosa que fuese en deservicío de Su Majestad dellos , é agora , visto otras se ñales que ellos hacen por donde se entienden, de una nao en otra , que yo les he visto hacer al dicho capitán Rojas é a Miguel de Rodas después que partimos de La Palma , a la vela de nuestro viaje , etc.*

Otrosí, he visto é veo quel dicho Francisco de Rojas , capitán, ha tratado e ' trata muy mal a los oficiales de Su Majestad, tesorero é contador, los cuales dichs oficiales certifico á Vuestra Merced que son leales servidores de Su Majstad, e le veo al dicho Francisco d e Rojas, capitán, tan desconcertado con todos, porque a unos amenazaba de cortarles las cabezas é a otros de darles de puñaladas, y de hecho lo pusiera por obra, si no se hubieran puesto entremedias algunas veces algunas personas, e veo tan parcial, quél nos hubiera de gobernar a todos en paz, nos pone en revueltas, favoreciendo a Otaviano de Brine é a los otros ginoveses de la dicha nao é maltratando á todos los otros; por donde yo suplico a Vuestra Merced que á mi me haga merced de sacarme de aquel la nao e ' pasarme al a nao que Vuestra Merced fuere servido, que Vuestra Merced me hará mercedes, aunque sólo vaya por grumete en otra nao, porque deseo servir muy bien a Su Majestad é a Vuestra Merced en su nombre, porque en aquel la nao no lo podría hacer, por las cabsas su sodichas; é no embargante que Vuestra Merced mandó que tenga paz é concordia, muchas veces, e' agora postreramente, Vuestra Merced invió a Miguel Rifos e' Joan de Concha, contador de la nao capitana, los cuales los hicieron amigos é apaciguaron toda la cosa, an sí con los oficiales como con todas las otras gentes de la dicha nao por donde pensamos tener la amistad muy fija, é veo lo contrario, quel dicho capitán Rojas no tiene buenas entrañas, como lo había menester; Vuestra Merced lo mande remediar como

Vuestra Merced sea servido, porqu e si por caso aquel la nao se desvía de la compañía de Vuestra Merced, puede hacer cuenta que no tiene nao ni gente en aquell a nao .

Ya los días pasados le dije a Vuestra Merced de palabra en su cámara que yo no era traidor ni en mi lin aje había; por tanto, por descargo de mi conciencia è é lo que por la fidelidad que a Sii Majestad debo he dado la relación susodicha; todavía suplico a Vuestra Merced me haga merced de sacarme de aquel la nao, é juro a Dios é a esta señal dela cruz que esto no lo digo maliciosamente, salvo por des cargo de mi conciencia e' por lo que toca a servicio de Su Majestad, etc".

Ovviamente l'aver accusato il suo capitano Francesco de Rojas di favorire sulla nave Trinidad esclusivamente i "genovesi" e di maltrattare tutti gli altri sottoufficiali, comportò a Matias una ostilità da parte di alcuni di essi, tanto che Matiàs chiese di essere trasferito su un'altra nave temendo ritorsioni.

Alle pagine 583, 584, 585, 588, invece tre suoi compagni di viaggio, estranei alle circostanze narrate da Matìas, rispondono a domande proprio su "Matìas" e dalle loro risposte emerge che allo stesso era stato ordinato di esplorare l'entroterra del fiume Rio Solis assieme a pochi altri marinai e che poi non ritornò più a bordo della nave.

Josè Toribio nel citare, ad uno ad uno, i 203 uomini imbarcati sulle tre navi che parteciparono alla spedizione, solo per coloro che non erano spagnoli ne indica la provenienza; numerosi erano i "genovès" (i genovesi); **era presente anche un napoletano: "Nicolàs de Napoles"**.

Poiché Toribio non ha fornito alcuna indicazione circa la città d'origine di "Matìas Mafrolo", si può ritenere che lo stesso fosse spagnolo; ed anche dalla testimonianza resa da "Matìas Mafrolo" emerge chiaramente che lo stesso non era "genovese", non era italiano, ma spagnolo.

Di conseguenza si può ritenere che fossero di origine spagnola anche i Mafrolla, la cui presenza a Vieste era documentata nel 1563.

Ancor più interessante è quanto si rileva nelle pagine 319 e 320 del Tomo II del libro di J. Toribio, ove è scritto.

En la nao capitana, a dos días del mes de Jullio d e millé quinientos é veinte é seis años, presentó el dicho **Matìa Mafrolo** *esta petición desta otra parte contenida, antel muy magnífico señor Sebastián Gaboto y en presencia de mi, Martín Ibáñez de Urquiza, escribano público desta armada, y el dicho Capitán General me* *pidió a mí el dicho escribano se lo diese por testimonio. Testigos que fueron presentes: Miguel Rifos é Gaspar Sabatel, alguacil mayor de la dicha armada, é Alonso Peraza*

*"Fuéle dicho por mí, el dicho escribano público, al dicho **Matìa Mafrola** que si sabía escribir, para que la firmase la dicha peticion susodicha , é dijo que no sabe escrebir . Testigos los sobredichos , etc .*

*E después de lo susodicho, en la dicha nao capitana, à siete días del dicho mes de Jullio de **mill é quinientos é veinte seis** años, el se ñor Capitán General rescibió juramento en forma debida de derecho de **Matìa Mafrola**, contramaestre .*

Ovvero, lo scrivano che sotto dettatura riportava le dichiarazioni verbali dei testimoni, indica il cognome di Matiàs con la **"a" finale**: **"Mafrola"**, e non più "Mafrolo"

Chi sa se quel "Antonio Thomafrolla" / Mafrolla del 1563 non fosse un discendente, o un parente stretto, di quel "Matteo Mafrolla" del 1526 !

Poiché è stato uno studioso attento e scrupoloso, come Don Mario dell'Erba, ad associare quel "Matìas" ai Mafrolla di Vieste, bisogna crederci!

Prima ego velivolis ambivi cursibus Orbem,
Magellane novo te duce ducta freto.
Ambivi, meritog; vocor VICTORIA: sunt mi
Vela, alæ; precium, gloria; pugna, mare.

la Trinidad, 110 tonn, già ammiraglia di Magellano

ALLEGATO 13
QUERELA DI BIASE MAFROLLA

§ 1.° — Ecco la requisitoria del signor Procuratore Generale:

« Ha rilevato in fatto che, il 6 aprile 1899 in Viesti il signor Biagio Mafrolla sposò la signora Medina Giuseppina; ma dopo due mesi si separarono. Durante la separazione, il primo ebbe notizia che sua moglie avesse commercio carnale col suo cocchiere Alessandro Troiano, che fosse rimasta incinta per opera dello stesso, e che, sgravatasi nella seconda metà di agosto 1902, abbia fatto esporre il neonato da persone di sua fiducia nel Comune di Peschici. Perciò egli a 12 ottobre 1902 avanzò analoga querela contro la medesima sua moglie per adulterio col Troiano.

« Attesoché dall'istruttoria compilata emergono bastevoli elementi per ritenere che essa signora Medina dal 1899 sino al principio di ottobre 1902 abbia commesso adulterio in pregiudizio di suo marito Biagio Mafrolla per commercio avuto col suo cocchiere Alessandro Troiano. In effetti, a prescindere dagli amorosi sorrisi di lei col Troiano, notati da diversi testimoni, e perfino dal sacerdote Soldano, ed a prescindere dagli atti licenziosi della medesima con lo stesso Troiano per essere stati visti un giorno nella stanza da letto di lei scagliarsi in atto di scherzo i guanciali e le pere, concorrono le millanterie del Troiano, la voce pubblica, tanto che diversi rimasero scandalizzati, e le dichiarazioni della domestica Garra Filomena, della quale non può dubitarsi, poichè la stessa, prima di uscire dal servizio di casa Medina e passare al servizio di casa Mafrolla, per scrupolo di coscienza andò due volte a consigliarsi con l'arcidiacono signor Abbatantuono Domenico, messo a discarico dalla Medina. Inoltre, giusta le dichiarazioni a fol. 24, 41, 45, vuolsi che un giorno essa signora Medina sia stata vista in atto di congiunzione carnale con detto suo cocchiere dallo spigolo di una porta socchiusa e da un individuo, che trasportava nella casa di lei un barile di acqua.

« Quanto alla esposizione d'infante fu accertato, mercè diversi testimoni, che essa signora Medina fu vista incinta nei primi mesi del 1902, e poi si ritenne da varie persone che si fosse sgravata nella seconda metà di agosto dello stesso anno 1902, e che avesse mandato subito ad esporre l'infante nel Comune di Peschici. Vuolsi che lo stesso cocchiere abbia ammesso il fatto dello sgravo. 'E la zia di Medina, signora Filomena Nobile, disse a qualche testimone che anche ad essere vero lo sgravo, bisognava coprire il fatto col manto della misericordia, perchè la Madonna col suo manto copre chi soffre freddo.

« Si aggiunge che realmente fu esposto un infante che si ritiene uscito dalla casa Medina, e portato in Peschici da persone di fiducia della stessa casa.

« Il signor Brigadiere dei Reali Carabinieri di Viesti con dichiarazione a fol. 99 disse che, giusta indagini da lui assunte, tre persone portarono in Peschici detto infante, cioè Michele Cantelma, Antonia Loiurio e il figlio di costei Vincenzo Pellegrino. Però s'intesero i testimoni, che si accorsero della esposizione, si procedette con gli stessi ai debiti atti di riconoscimento, e da Grazia Di Milo fu riconosciuto il solo Michele Cantelma per colui che propriamente espose detto infante innanzi allo eremitaggio di S. Antonio in Peschici, luogo solitario e frequentato da maiali, mentre le altre due persone si misero in fuga e non furono riconosciute,

« 3. Cantelma Michele, per rispondere:

« La prima di adulterio in pregiudizio del suo marito Biagio Mafrolla, commesso dal 1899 sino al principio dell'ottobre 1902 in Viesti.

« Il secondo di correità nello stesso reato, art. 353 cod. pen.

« Il terzo di abbandono d'infante in luogo solitario avvenuto in Peschici il 22 agosto 1902, articoli 386, 387 n. 1 cod. pen.

« Più la prima di aver determinato il terzo, cioè Michele Cantelma, a commettere detto reato di abbandono d'infante, di cui essa era genitrice, art. 63 p. II, 386, 387 n. 2 dello stesso codice.

« II. Dichiarare il non procedimento penale, per difetto d'indizi contro gli altri due imputati, Pellegrino Vincenzo e Loiurio Antonia ».

§ 2.° — Abbiamo dato il posto di onore alla requisitoria del sostituto procuratore generale cav. Pilolli, sia per rendere omaggio all'autorità dell'integerrimo magistrato, e sia per prospettare tutta la causa, ed in tal modo agevolare, anzi esaurire sin dal principio il nostro compito ingrato per quanto confortato dalla morale e dalla legge.

I processi di adulterio, meno nei pochi casi in cui i colpevoli vennero scoperti in flagrante delitto.

nell'intelligenza che il Cantelma è persona di fiducia della casa Medina, poichè l'avola di lui è domestica della stessa casa.

« Sicchè mentre sono bastevoli gli elementi per tale esposizione contro detto Cantelma, non può dirsi altrettanto contro gli altri due imputati, Antonia Loiurio, Vincenzo Pellegrino.

« È da ritenersi poi che la vera interessata, signora Giuseppina Medina, abbia determinato il Michele Cantelma ad esporre detto suo infante, nei sensi dell'art. 63, p. II, cod. pen. E ad avvalorare le imputazioni, come sopra, della signora Giuseppina Medina, sta l'importante suo interrogatorio a fol. 158, mercè cui non intese esporsi a nessuna visita, neppure a mezzo di levatrice: notando che se taluni testimoni hanno poi negato le confidenze fatte ad altri, ciò è dipeso da debiti riguardi alla famiglia di lei, come si argomenta dal complesso degli atti. In conseguenza di ciò, tenuti presenti gli articoli suddetti, nonchè gli articoli 436, 449, 450 ed altri della proc. pen.

« Chiede che piaccia alla Sezione di Accusa:

« I. Rinviare al giudizio del Tribunale di Lucera:

« 1. Medina Giuseppina

« 2. Troiano Alessandro

non sono ordinariamente sostenuti da larga prova. Specialmente in talune condizioni riesce difficile raccogliere indizi univoci, e nel caso presente la difficoltà doveva essere maggiore, giacchè se non è sempre esatto quello che dice nella *Fisiologia del matrimonio* O. Di Balzac, che è reputata onesta « una donna maritata, che ha una carrozza di suo », era naturale che ogni sospetto venisse sopraffatto dal senso morale, il quale non permetteva di credere una gentildonna degradata tanto da offrirsi a disfogare la libidine del suo cocchiere.

Victor Hugo attribuì ad una regina di Spagna « dolci voluttà » con lo staffiere; ma Ruy-Blas le era stato da un corteggiatore deluso e vendicatore presentato come fratello e si era subito raccomandato per eccellenza d'ingegno e di spirito; mentre Alessandro Troiano non era capace che di soli atti di lascivia, che non tutti potevano sospettare di gradimento della Giuseppina. Eppure la condotta della sciagurata donna fu tale da vincere ogni buona fede e da convincere tutti a suo danno, onde provocò una vera esplosione di sdegnosa pubblica opinione, e poscia lunghe schiere di testimoni a suo carico.

Non è questo il momento di narrare tutte le arti adoperate dalla famiglia Media presso la famiglia Maffrolla per dar luogo al matrimonio della Giu-

seppina col ricco Biagio, che rattrovavasi tuttavia in educazione in un convitto di Napoli; non interessa di esaminare ora la vita della Giuseppina nubile; ma tutto il processo prova che questa, immediatamente dopo il tremendo monosillabo (pronunciato forse per altri fini) mostrò indifferenza, se non odio, contro il marito sino a respingerne le carezze e sino a dar luogo (fol. 200) a scene disgustose nello stesso viaggio di nozze. Dopo circa due mesi dal matrimonio si procedé alla loro separazione consensuale, e Giuseppina tornò nella casa paterna. Quale ambiente vi ritrovò ella?

I genitori vivevano in campagna, ove la madre inferma trovava qualche conforto. La casa era abitata dallo zio materno, certo signor Nicola Petrone, che ne era il padrone, dalla ganza di lui Celeste Ruggieri (fol. 63, 107 e 132), e dalla nonna materna, la famosa donna Binuccia, della quale parleremo in seguito. E Giuseppina, che si era dimostrata incapace di nobili emozioni, respirò subito ed interamente l'alito impuro di detto ambiente; e si abbandonò a poco a poco al predominio dei sensi, sino a darsi alle voglie del suo cocchiere, che, come vedremo, la imbrattava « di paglia mista a sterco cavallino ».

Soventi la mentecattaggine si asside a fianco della

delinquenza per impedire che rimanessero impuniti il delitto è violata l'autorità del diritto; ma o per questo fato, che CARLO BOTTA benedice, o per il consueto abbandono di ogni pudicizia in detta casa, Giuseppina finì col trascurare quanto gli stessi onesti amori desiderano celare, e così ella rinase a Vietsti per partorire, ed inviò a Peschici persone notoriamente sue per abbandonare la propria creatura.

Ecco perché in questo processo di adulterio rigurgitano le prove, ed ecco perché la Giuseppina quando cerca allontanarsi dalla vindice mano della giustizia, è perseguitata da mille voci che le gridano: adultera!

Anche quando non discutessimo dinanzi alla Sezione di Accusa, alla quale deve bastare il dubbio della responsabilità per rinviare al pubblico dibattimento la definitiva valutazione delle prove previo il vincolo del giuramento; anche quando ci trovassimo in questo momento nello stadio accusatorio, nel quale il dubbio deve produrre l'assoluzione degl'imputati, noi con secura coscienza ne domanderemmo la condanna, prescindendo da numerose prove e soltanto invocandone talune assolutamente decisive.

Certamente non furono' pochi i pericoli che la istruzione di questo processo attraversò nel suo inizio, quando la famiglia Medina, giovandosi di ade-

renze — delle quali anche ora sfacciatamente decanta la potente influenza — poté ottenere la reticenza di molti testimoni, e con audacia discreditare le contrarie accuse, qualificandole effetto di subornazione; ma la provvida per quanto tardiva avocazione fatta dalla I Sezione di Accusa inviando sul luogo il cav. Lapegna consigliere ed il cav. Pilolli sostituto procuratore generale, cioè due dei più valorosi ed integri magistrati di questa Corte, poté tutelare la serietà e dignità della giustizia.

§ 3.° — È egli verosimile che il signor Biagio Mafrolla avesse, come timidamente s'insinua, accusata sua moglie per leggerezza o per perfidia?

Non può revocarsi in dubbio che lo sventurato gentiluomo, e la sua famiglia ebbero costante speranza di ricondurre sotto il tetto coniugale la Giuseppina, perdonando alla di lei viziata educazione di figlia unica il contegno scorretto tenuto nei primi mesi del matrimonio; e la madre del nostro Biagio, comportandosi con alta dignità di gentildonna, dopo i tentativi inutilmente fatti fare da intercessori autorevoli (fol. 22), personalmente si recò (fol. 24) in casa Medina a rilevare la nuora, che neppure volle riceverla. Non è da revocarsi in dubbio che mentre unanime addiveniva la pubblica opinione nell'accu-

15

È questa una circostanza processuale che meglio rileva il contegno nobile di lui, e svela la tremenda lotta tra i suoi sentimenti, quello di affetto e quello di dignità.

... Ecco i fatti semplici:

Nel 22 agosto 1902 i Carabinieri di Peschici denunziarono che presso quella chiesetta campestre S. Antonio detta dal romita certo Bruno, era stato abbandonato un bambino da una donna, un uomo ed un giovanetto di Viesti, veduti da due lavandaie che per caso si trovavano presenti. Mentre i detti Carabinieri si riserbavano ulteriori indagini, gli atti furono affrettatamente trasmessi al Tribunale di Lucera, ove, forse opinandosi trattarsi di uno dei tanti frutti che gl'illeciti amori viestini regalano a Peschici, venne nel 13 settembre dichiarato non luogo a procedimento per manco d'indizi. Ma i Carabinieri di Peschici e di Viesti, in consonanza della riserva fatta, continuando ad inviare altri rapporti, e, specialmente dal 23 settembre, denunciarono gli autori dell'abbandono e la madre del bambino abbandonato, e declinarono il nome di Giuseppina Medina, quale adultera e ganza del proprio cocchiere Alessandro Troiano.

Quale contegno serba Mafrolla in questo periodo? Da uomo d'onore comprende la gravità dell'accusa,

sare di adulterio la giovane moglie, e mentre filomena Garra era già passata da oltre un anno dalla famiglia Medina a servizio di una sorella di Mafrolla, ossia mentre la Garra (alla quale si vorrebbe attribuire la propalazione delle notizie) poteva già di tutto avere informato lo sventurato giovane, questi restava sereno e circospetto. Anzi, mentre tutti parlavano di sgravo già avvenuto e di abbandono del bambino in Peschici, il signor Mafrolla con ammirabile contegno inviava (fol. 112) persona amica a proporre alla moglie di farsi visitare da qualche ostetrico e così a tutela della comune dignità smentire le accuse.

È forse questo il contegno di persona corriva? Mi a confutare la enunciata insinuazione domandiamo: perché Mafrolla avrebbe fabbricato a suo danno la peggiore arme, il ridicolo, e nella età di venticinque anni avrebbe eretta una barriera insuperabile tra lui e la moglie, che pure desiderava e richiedeva? Forse desiderava egli una separazione, che pur troppo già esisteva consensualmente da tre anni? Aveva forse interessi economici da liquidare, egli che, ricco, aveva sposato la Giuseppina con il solo corredo di biancheria personale?

Ma fu forse il signor Biagio Mafrolla il primo, od almeno uno dei primi, a denunciare al magistrato l'adulterio di sua moglie?

ma da uomo retto non osa sporgerla prima di fare
direttamente una inchiesta. Ed è per questo ch'egli
chiamata a sé tutti coloro che dal pubblico vengo-
vano indicati quali conoscitori dei fatti, e li interro-
gava esortandoli a dire la verità. Ed è per questo che
Nicola Petrone, zio dell'imputata ha occasione di
sapere tutto quanto si deponeva dai testimoni, e per
discreditare tale coscienziosa indagine, grida alla subornazione, ricorrendo al brigadiere Nubila (fol. 99),
e mentre asserisce atti di tentata corruzione, che
vennero smentiti, lavora per conto suo ed ottiene la
reticenza di molti suoi dipendenti. Ma è pure per
questo che quando già la pubblica opinione aveva
condannata l'adultera, e la giustizia, di ufficio, si
accingeva a riaprire il processo di abbandono d'infante per imputare tale reato a Giuseppina Medina,
il signor Biagio Mafrolla nel 12 ottobre, allora soltanto, presentò al Procuratore del Re di Lucera la
sua querela, che era stata già redatta dal 7 di detto
mese, ma tenuta in sofferenza per altri cinque giorni
sempre sperando nella innocenza della infame donna.

Il povero giovane, prima di persuadersi di dovere
egli, ricco primogenito di ricca famiglia, rinunciare
alla gioia di una famiglia, prima di credere che il
suo cognome onorato era stato dalla sua donna
portato nelle stalle sotto i piedi dei cocchieri, non

avevo voluto far tacere il sentimento, il quale, come
dice Pascal, ha delle ragioni, che la ragione non
conosce.

Da tale contegno è lecito argomentare che non
tre simigliani processi portano nella loro origine
la sola impronta del rancore dell'offeso, il presente
rivela che l'offeso ha dovuto uniformarsi alla schiac-
ciante prova della colpa, ed allora soltanto chiedere
la punizione.

§ 4.° — Ma è provata la tresca della Giuseppina
col suo cocchiere?

È notevole che mentre testimoni non sospetti
affermano di aver saputo fatti precisi da persone -
di casa Medina, queste all'ombra di don Nicola
Petrone (il bollente Achille della compagnia) si na-
scondono dietro reticenti parole. Larghi mezzi economici e la supremazia elettorale potevano consen-
tirgli tale lusso, onde furono visti anche talune autorità locali accettare il pietoso consiglio di donna
Filomena Nobile, zia dell'adultera, cioè (fol. 132)
di « coprire il fatto col manto della misericordia,
perchè la Madonna col suo manto copre chi soffre
freddo »; consiglio che si riassumeva nel senso di
prostituire così la giustizia, dopo prostituita la nipote
Il canonico don Giambattista Soldano, teologo sti-

nato per dottrina (fol. 48), ed Antonia Prudenza, donna molto rispettata (fol. 105), si accorsero di sorrisi rivelatori, possiam dire di baci, che la Giuseppina dalla finestra ed il cocchiere dalla via, ove *faceva* il cocchio, si scambiarono diverse volte. Maria Gilliberti, onesta madre di famiglia, frequentando la casa Medina quale pettinatrice della Giuseppina, vide che questa (fol. 17) accordava « spiccata confidenza » al cocchiere, dal quale si faceva a suono di chitarra cantare un'appassionata canzone d'amore, ch'ella a-scoltava con emozione, a simiglianza — crediamo noi — della regina Maria Tudor che dall'amante Fabiano Fabiani, chitarraio napoletano, si faceva cantare la celebre serenata. Rachele Binetti dalla casa della sua maestra sarta, messa di rimpetto à quella di Medina, vide (fol. 115) Giuseppina che « sola nella sua stanza da letto e senza sorveglianza dei genitori scherzava assai famigliarmente col suo cocchiere Alessandro Troiano, arrivando perfino a scagliarsi rispettivamente i guanciali del letto, ficcandosi sotto di questo a raccogliervi delle pere, e gittarle li contro le nostre finestre »; e parrebbe che la trelicenne fanciulla per verecondia avesse celate altre circostanze scandalose, che il vincolo del giuramento un pubblico dibattimento farebbe narrare.

Non parliamo degli atti lascivi ai quali con niuna

precauzione si abbandonavu il cocchiere col toccare le *mammelle* della *Giuseppina*, sino *a scambiare* la droga *Celeste Ruggieri* (fol. 17 e 20); *non parliamo* delle [popolazioni] fatte da *Nicola Del Popolo* (fol. 24, 48 e 100) e da *Cesare Corso* (fol. 142) circa la tresca; e molto meno parliamo della narrazione di esso Corso di confidenze avute dal predetto Del Popolo (fol. 24), nel senso di avere quest'ultimo, portando in un giorno l'acqua in casa Medina, visto dalle porte socchiuse di una camera ivi giacere Giuseppina, ed il cocchiere Troiano in congiunzione carnale. Queste circostanze, appunto perché gravi, addivennero oggetto delle precipue cure di Nicola Petrone sino a tagliare più trame alla tela della giustizia. Cesare Corso, il fido mulattiere di Medina, nega di aver parlato; Celeste Ruggieri, la ganza di don Nicola, assicura sul suo **onore** che donna Giuseppina è una degna sua padrona; e Nicola Del Popolo rispetta la consegna di russare anch'egli, che, misero mulattiere, già al servizio di Medina, è dall'inizio di questo processo addivenuto un piccolo negoziante. In pubblico dibattimento potrà dirsi l'ultima parola sopra questi elementi processuali, epperò noi ora prescindiamo dai medesimi.

Ai testimoni *de visu* ricordati in principio di questo paragrafo, va unita Filomena Garra; la quale (fol. 20) dice:

« Colloqui interceduti tra il cocchiere Troiano e la signora Giuseppina, a cui la nonna ritiravasi ad un balcone per dare quasi libertà, e talvolta spingendomi io a muovere qualche appunto n'ero aspramente rimproverata dalla nonna, tanto che più volte ebbi a muovere loro minaccia di ritirarmi a casa mia.

« Più volte, al fine di por termine a simili confidenze, intavolavo trattative di conciliazioni tra il don Biagio Mafrolla e la moglie donna Giuseppina, ma quando speravo addivenirci, tutto andava a monte.

« Il Troiano a pò per volta era addivenuto da servo il padrone di casa Medina, spadroneggiando pur verso noi altre domestiche, aprendo a proprio libito armadi e bevendo vino e mangiando ciambelle, e ad ogni mia osservazione e rimprovero era sempre pronta donna Binuccia nonna, con fiero sguardo a sgridarmi: *Che importa a te?*

« Infinite volte ho constatato i colloqui tra la giovane signora ed il cocchiere Troiano addivenir intimi al punto che chiudevansi le porte e la nonna avvicinavasi ad arte ad un balcone, onde constatare l'accesso in casa di qualcuno. Riferendo il tutto ad altra domestica di famiglia Celeste Ruggieri, costei affezionata al pane che percepiva

« Sin dal ritorno del viaggio di nozze tre anni or sono dei giovani sposi Biagio Mafrolla e Giuseppina Medina, venni io chiamata al loro servizio qual cuciniera, ma dopo soli tre giorni il Mafrolla, ignoro per quale motivo, licenziommi.

« Rinascero detti sposi qualche mese uniti solo a riprese, or l'uno or l'altra ritirandosi presso i rispettivi genitori, quando s'intese separati definitivamente l'uno dall'altra.

« Fu allora che venni richiamata in casa don Berardino Medina, adducendomi la signora Giuseppina essere rimasta dell'opera mia qual cuciniera contenta, e perciò mi richiedevà ad ogni costo. Dovei così, malgrado avessi come tirare la vita dal mio lavoro di ago, accettare e mi ritirai in casa Medina senza più e vi son rimasta sino ad un anno, e mezzo fa.

« Durante tale classe, ebbi ad accorgermi di tratti eccezionalmente di favore usati al cocchiere di famiglia, Troiano Alessandro, in sulle prime da parte della signora nonna donna Binuccia e poscia condivisi detti tratti dalli giovane donna Giuseppina.

« Ho constatato somministrazioni a riprese fatte a costui di caciocavalli, salami, burri, senza giustificato motivo dalle due signore in assenza di don Berardino Medina e moglie, la quale ultima viveva quasi costantemente in campagna.

nella vistosa casa, non mi dava retta e dovei così, per non assistere ulteriormente a simili scandali, abbandonare quella casa, venendo accolta dal dottor Michele Petrone, genero di don Antonio Mafrolla, padre di don Biagio.

« Stante così quanto ho visto e deposto a V. S., ritengo vera la seguita gravidanza di donna Giuseppina col cocchiere Troiano propalatasi in paese.

« Esortata di ufficio la teste a dichiarare se tal deposto sia informato a passione per la famiglia che attualmente serve, a scapito di quella che lasciava, e rammentate le pene che la legge commina contro i testimoni falsi

« R. Quanto ho deposto è la pura verità e non aggiungo altro ».

Tutti gli strali sono stati rivolti contro questa onesta donna, che Celeste Ruggieri col suo virginale candore tenta di discreditare, ma che gli stessi Medina avevano in molta considerazione, e con larghe promesse richiesta novellamente a loro servizio. Oggi, non potendosi distruggere la importanza di siffatta testimonianza, la s'inficia come sospetta, perchè tardiva, e fatta per favorire il fratello dell'attuale sua padrona.

Il processo smentisce codeste insinuazioni.

Maria Giliberti (fol. 17) aveva avuta tutta la narrazione dalla Garra sin dal principio dell'anno 1901, cioè prima che questa fosse passata a servire presso la signora Elisabetta Petrone nata Mafrolla.

Il teologo don Giambattista Soldato ebbe sin dall'aprile 1901 le rivelazioni dalla Garra (fol. 48), la quale sino a quel momento non era passata a servire la signora Petrone Mafrolla.

Ma se questi due testimoni non bastassero per provare la spontaneità e costanza della grave testimonianza, l'imputata Giuseppina ce ne offre un terzo col suo discarico nella persona rispettabile e rispettata dall'arcidiacono don Domenico Abatantuono, il quale (fol. 174) afferma avergli Filomena Garra a conforto della turbata coscienza domandato consigli sulla tresca da lei scoperta tra Giuseppina ed il cocchiere, e ciò più volte e molto prima ch'ella avesse abbandonata la casa Medina, che abbandonò appunro perchè addivenuta luogo di scandali.

« Delle persone sulla cui condotta mi interrogate (dice l'arcidiacono Abatantuono) come dipendenti della famiglia Mafrolla, io non conosco altri che la Garra Filomena, la quale due volte alla distanza di diversi mesi venne a sfogare meco chiedendo consigli come calmare la sua coscienza per certe attenzioni soverchie che la padrona signora Giuseppina Medina faceva verso il proprio cocchiere Alessandro Troiano.

Io la prima volta non scorgendo in quelle sue ap-
prensioni alcunchè di grave che potesse allarmare
la sua coscienza, le consigliai di parlarne al padrone.
*Ma quando venne la seconda volta insistendo sempre
nei suoi detti, io le consigliai novellamente di muovere
i suoi lamenti al suo padrone, ovvero ad allontanarsi da quella casa, come difatti avvenne, perchè dopo poco passò al servizio di Mafrolla.*
« *La prima volta che la Garra venne da me a
fare quei lamenti io credetti che li facesse per gelosia;
ma quando tornò la seconda volta mi parve ve-
ramente costernata di coscienza, nel senso che
si mostrava scandalizzata del procedere della
Giuseppina* ».

Invano si tenta demolire ora la testimonianza della
Garra, che è opera onesta di coscienza di una donna
che a sessantasei anni preferiva di lasciare un lucrativo
servizio, ossia si esponeva al pericolo della fame pur
di non vedere scene scandalose. E come assuefarsi
a quelle scene da suburra aiutate dal lenocinio di
una vecchia nonna, la quale (non è raro nella vita
il caso) credeva di far sollazzare la nipote in onta
al marito, agevolandole una tresca tanto ignominiosa.

E Filomena Garra dinanzi all'inquirente dimen-
ticò talune circostanze che pure aveva da gran tempo
confidato anche all'avv. Isidoro Russo e Maria Gi-

liberti. Al primo (fol. 113) aveva narrato che una
volta, entrando nella galleria, donde ne erano poco
prima usciti Giuseppina ed il cocchiere, vide l'una
e l'altro sconcertati, delle pedate su di un divano
con cuscini fuori posto. Alla seconda (fol. 17) aveva
narrato gli adulteri amori, e la circostanza di un divano lordato, a un angolo, di paglia frammista a
sterco cavallino, ed il lenocinio di donna Binuccia
la quale, tanto per lezione di sana morale, arrivò
una volta a consigliare alla nipote di ricambiare con
tre paia le due corna che supponeva fattele dal marito durante la separazione consensuale.

§ 5.° — A che disputare delle prove della tresca
quando risulta provata la gravidanza, che dalla tresca derivò?

La Giuseppina per smentire la sua gravidanza,
che l'intero paese costantemente affermò ed afferma
(fol. 22, 23, 27 ecc ecc.), ha presentato un lungo
discarico composto di salariati della sua famiglia,
persone del rango (a dirla con Giorgio Medina, testimone del discarico, fol. 180) facilmente corruttibili.

Resta pertanto come grave indizio di reità l'in-
dustrioso armeggio dell'imputata, o di chi per
lei, per isviare la ricerca della verità a questo riguardo. Si apprese che Michelina Tantinmonaco aveva

fatte circa la scandalosa gravidanza molte confidenze circostanziate a Marino Spinosa (fol. 111), a Raffaella Spinosa (fol. 117), a Nicola Vario (fol. 112) ed a molti altri; e subito si procurarono il silenzio di tale testimone di vista. Così si ebbe cura di conquistare Antonia Iannizzaro, che aveva parlato a Maria Gaetana De Masi (fol. 26 e 104), e del pari Michelina Cariglia, che aveva snocciolato ogni cosa alla cognata Maria Pasquale Rosiello (fol. 50) in presenza delle fanciulle Carmela e Maria Rosiello (fol. 52 e 53). E con quali arti?

Le zie della Giuseppina invocavano il misericordioso manto della Madonna (fol. 132). I preti furono messi in movimento; e l'arcidiacono Abatantuono, che, come sappiamo, è testimone a discarico, dice (fol. 174): « Conosco altresì che De Masi Maria Gaetana, *la quale pure*, conoscendo della gravidanza della signora Giuseppina Medina, *aveva avuto raccomandazioni da un confessore di covrire quanto le constava, e da un altro sacerdote di covrire quanto più poteva col manto della misericordia; onde venne da me per domandarmi come regolarsi qualora fosse chiamata dalla giustizia, ed io le consigliai che, chiamata da persona qualunque, poteva regolarsi come voleva, ma che, chiamata poi dalla giustizia, da cui si reclamava, il suo giuramento, doveva dire la ve-*

rità ». Ed è così che Maria Gaetana Di Masi, nella prima sua deposizione (fol. 26), si limita a riferire le confidenze fattele da Antonia Iannizzaro circa la gravidanza, aggiungendo subito di nulla constarle personalmente; e poscia dinanzi al consigliere delegato cav. Lapegna ed in conseguenza dell'onesto consiglio ricevuto dall'Arcidiacono parla con la mano sulla coscienza, e dice:

« Su quanto la vostra giustizia mi domanda ho già resa una precedente dichiarazione (fol. 26), dalla quale forse traspira una certa dubbiezza sulla esistenza della gravidanza e quindi dello sgravo della signora Giuseppina Medina, perché mi pareva enorme tutto quello che mi era risultato *de visu*. Però a questa nuova dichiarazione debbo fare una sincera e positiva asseveranza, giacché quello che per me era dubbio ora è una positiva certezza, dal fatto che dopo la mia prima dichiarazione, o meglio, prima di rendere la precedente dichiarazione, ero stata chiamata in casa della Medina nella quale fui interessata dalla madre, a nome donna Michelina, a non deporre alla giustizia di aver visto la figlia prima incinta e poi senza più l'addome turgido, promettendomi denaro qualora ne avessi voluto ed anche grano ed olio.

« Mi consta inoltre che uguali pratiche per

deporre di non aver nulla visto erano state fatte anche all'altra testimone Cariglia Michelina, la quale anzi voleva convertirmi a rendere come lei una dichiarazione negativa perchè così aveva preteso della Medina a nome Berardino.

« Un giorno insieme alla testimone Iannizzaro Antonia vedendo dietro le lastre la signora D. Michelina madre dalla Giuseppina Medina, io dissi alla Iannizzaro, vedi come sta afflitta la signora Michelina, e la Iannizzaro rispose: « Come non restare afflitta se la figlia si è sgravata in questo modo?»
« Non vedi che non ha più la pancia? ».

La gravidanza fu osservata da Rachele Binetti (fol. 115), Antonia Prudenza (fol. 105), Filomena Santoro (fol. 51), Clementina Sorvillo **levatrice** (fol. 32), e da altri molti, oltre la citata Maria Gaetana De Misi; ma tutto quest'assalto dato dagl'imputati alla coscienza dei precedenti testimoni rivela anche meglio la intima struttura del presente processo. Da una parte la Giuseppina insinua che quanto risulta provato sia effetto di male arti di Mafrolla, che pure col freno suo atto dichiarò lealmente di querelarsi dopo una inchiesta fatta; e dall'altra parte noi affermiamo che le presenti risultanze processuali rappresentano quel tanto che la irrompente forza della

verità è riuscita ad appalesare contro le provate ingerenze e le colpevoli corruzioni fatte da Medina e suoi aiutanti. Ed è per ciò che la Sezione di Accusa, inviando gl'imputati al pubblico dibattimento, salverà la giustizia dalle patite insidie.

§ 6.° — È strana la speranza di distruggere l'accusa combattendo la prova della gravidanza e dello sgravo, quando resta sovrana la prova relativa all'abbandono del bambino.

Cosa avvenne la sera del 21 agosto in casa Medina? Verso due ore di notte (ossia verso le 9 pom.), molte persone (fol. 63, 64, 132) e Maria Biondi, che è di Pisa, epperò estranea alle miserie di Viesti (fol. 62) videro uscire dalla casa di Medina due donne, cioè Celeste Ruggieri e Maria Giuseppa Capraro e, in quell'ora, che in quel paesello è assai inoltrata, recarsi insolitamente nella casa di Antonia Loiurio.

Questo fatto è accettato dalla stessa Loiurio (folio 127) e da Maria Giuseppa Capraro (fol. 57), le quali son madre e figlia, ma, s'intende bene, lo spiegano con altri motivi evidentemente inverosimili.

Cosa portavano in casa Loiurio la madre, cioè Maria Giuseppa domestica di Medina, e Celeste, ganza di don Nicola? I precitati testimoni parlano di un bambino, e Giuseppa Ventrella, la quale è moglie del cocchiere della signora Nobile, ossia dipendente da quella donna Filomena, che è andata raccomandando a tutti l'uso del manto della misericordia a favore della nipote Giuseppina, afferma (fol. 132) di avere udito i vagiti. Quel bambino fece prima sospettare fosse uno dei tanti che Celeste Ruggieri ha confezionati con don Nicola Petrone; ma, notate le condizioni fisiche della nonnata femmina, fu subito riconosciuto di donna Giuseppina, confezionato col cocchiere.

E perchè il bambino veniva trasportato in quella casa?

Ivi rattrovavansi la detta Loiurio con il figliuolo diciassettenne a nome Vincenzino Pellegrino, e la figliuola Michelina moglie (chiamiamola così) di Michele Cantelma, tutti legati alla famiglia Medina e quest'ultimo personalmente legato ad Alessandro Troiano (fol. 59), del quale era comare. Evidentemente a quella *brava gente* veniva affidato lo incarico di trasportare altrove il bambino.

Ed Antonio Loiurio, Michele Cantelma ed il giovinetto Vincenzo Pellegrino partòno la stessa sera, e la moglie di Cantelma, cioè Michelina Pellegrino, prega le sue vicine Rossiello (fogli 52 e 53) di conversare insieme, appunto per l'assenza dei suoi uomini.

Ove sono andati costoro?

Si ponga mente a questo elemento processuale: prima che di tutto ciò si sapesse in Viesti, ed immediatamente dopo l'abbandono, al Vice-Pretore di Peschici due donne narrarono che una donna (la Loiurio), un uomo (Cantelma) ed un giovanetto (Vincenzo Pellegrino) vestiti alla foggia di Viesti, verso l'alba, l'alba del 22 agosto (precisamente quanto occorreva di tempo ai tre per arrivare da Viesti, distante circa venti kilometri), prima domandarono l'indirizzo della levatrice, e, avuta risposta non soddisfacente, si recarono ad abbandonare un bambino presso la chiesa campestre S. Antonio; ed aggiunsero (vedi il processo dell'abbandono) che esse due testimoni per timore che il povero abbandonato fosse ucciso dai vicini maiali, si affrettarono ad avvisarne il romita Agostino Bruno. Questi consegnò il bambino allo Stato civile, che lo chiamò Bonelli Carlo, e poscia depose di avere appreso dalle predette due lavandaie che gli autori dell'abbandono erano di Viesti.

Non mancarono le manovre affinché rimanesse offuscata tanta luce, derivata da differenti e convergenti raggi dello stesso sole della verità, ed alle testimonianze di Biondi (fol. 62), Pecorelli (fol. 63), Solitro (fol. 64) e Ventrella (fol. 132) si tentò dare altro valore, come si era tentato di far passare per le acque di Lete le due lavandaie di Peschici; ma Grazia Di Milo (fol. 123), nel 14 dicembre riconosce Michele Cantelma quale uno degli autori dell'abbandono, pur non riconoscendo gli altri, per la ragione che Cantelma aveva parlato con lei, mentre gli altri si erano allontanati fuggevolmente.

E Cantelma è visto tornare impolverato dopo il mezzogiorno del dì 22, e subito visitato (fol. 53) dall'avola Maria Giuseppa Capraro e dal cocchiere Alessandro Troiano, quantunque questi non solesse frequentare detta casa. Era naturale in tutti gl'interessati l'avidità di notizie sopra un fatto tanto grave.

E così abbiamo seguito il frutto degli adulteri amori da casa Medina al tugurio di Cantelma, e da questo alla chiesa S. Antonio di Peschici, e poi allo stato civile ove prende nome di Carlo Bonelli, ed ora sorretto dalle affermazioni (fol. 14) immediate e mai sospette dei Reali Carabinieri, dalle stesse confessioni implicite degl'imputati, accompagnato da un popolo di annuenti testimoni lo vediamo stendere l'indice dell'innocente sua manina contro i colpevoli suoi genitori.

§ 7.° — Dinanzi a questo spettacolo il resto del processo addiviene secondario, e come Cantelma,

l'autore dell'abbandono, rimane riconosciuto dalla testimone Di Milo, Giuseppina Medina ed il suo drudo Alessandro Troiano rimangono avvinti dalla loro responsabilità.

Ma, quasi ciò non bastasse, gl'imputati hanno avuto premura di aumentare la prova a loro carico e potrebbero dire di confessare il loro delitto.

I veri gentiluomini, resistendo a quella infida forza, che PAOLO BOURGET chiama « vanità del sesso », sanno portare nel sepolcro il segreto di un sorriso ottenuto da una dama; ma lo stalliere Alessandro Troiano voleva che Giuseppina fosse notoriamente la sua ganza, e non contento dei sorrisi, dei baci e dei lascivi toccamenti accordatigli da lei quasi in pubblico, si mostrava spendereccio oltre i limiti dei suoi mezzi, e parlava, parlava.

In un locale, che da pagliera di Medina era stato adibito da Troiano a riunioni di suoi amici, da questi e senza confutazione si parlava della tresca di Giuseppina. (fol. 45). Anna Maria Di Mauro, zia di una giovanetta che doveva sposare Troiano, confida a Francesco Patruno (fol. 110) e questi lo confida subito al suo amico Greco (fol. 29), che esso Troiano in casa sua aveva fatto intendere vera la sua tresca con Giuseppina. Carmela Iasconi (fol. 116), da una sua finestra, aspettando di sera che suo marito rincasasse, ode che due persone sulla via parlavano della tresca, e rammentavano le vanterie del cocchiere Troiano di essere stato l'amante prima della nonna donna Binuccia e poi della nipote donna Giuseppina. Il canonico primicerio Giuseppe De Martinis, testimone dato a discarico della Medina (fol. 170), afferma che per voce pubblica il cocchiere Troiano « è riportato come colui che si fosse millantato di avere avuto relazioni con la sua padrona, di esserne risultato un figlio ».

Ma se Troiano confessa stragiudizialmente, è forse ardito affermare che anche Giuseppina ha implicitamente confessata la sua colpa dinanzi al magistrato?

Ecco il suo interrogatorio (fol. 158):

« È falso che io mi sia resa colpevole di reato di adulterio in danno di mio marito Mafrolla Biagio dietro illecite relazioni avute col mio cocchiere Alessandro Troiano.

« È chiaro quindi che mancando una tale tresca io non abbia potuto rimanerne incinta e molto meno esporre o fare esporre il frutto delle mie viscere dinanzi all'eremitaggio di S. Antonio in Peschici.

« Sono tutte calunnie in conseguenza quelle che risultano dai detti testimoni a mio carico relative a baci, sorrisi, toccamenti, scherzi mediante scaglia-

menti di guanciali e quant'altro ella mi contesta essere avvenuto col suddetto mio cocchiere Troiano che io, memore della mia nascita e della educazione morale, ho tenuto sempre a suo posto. »

« A domanda del P. M. se per illuminare la giustizia su tutto e togliere ogni dubbiezza intenda esporsi ad una perizia sanitaria. E dietro ancora reiterate ed insistenti premure del sottoscritto magistrato inquirente, perchè ceda al consiglio paterno del Pubblico Ministero

« R. Questo mai, mi farei piuttosto condannare, anzichè espormi a delle visite.

« Il Pubblico Ministero ha fatto rilevare alla signora Medina che il suo diniego a farsi visitare da periti sanitari fa argomentare della sua colpevolezza e che perciò secondi le giuste mire della giustizia tendenti a scoprire il vero, e che per lo meno si faccia visitare da qualche levatrice.

« R. Nemmeno dalla levatrice intendo farmi visitare, perchè lo suggezione.

« Il P. M. ha insistito presso la signora Medina perchè si esponga ad una visita o con periti sanitari o con levatrici, facendole intendere che ciò è molto necessario, anche nel di lei interesse, perchè così potrebbe mettere in chiaro la sua innocenza e allontanare, se del caso, un pubblico giudizio.

« R. **Io non intendo espormi a nessuna visita, nè con periti sanitarj, nè con levatrici; avvenga di me quel che si crederà.**

« Chiedo intanto che a mio discarico sieno sentiti oltre i testimoni presentati in corso di causa da mio padre con apposito foglio di lumi, anche gli altri che emergono dagli annessi due fogli che esibisco ora alla giustizia e dei quali ratifico in tutto il loro tenore il contenuto.

« Prima di allontanarsi la signora Giuseppina Medina il P. M. le ha fatto notare che torna inutile infastidire la giustizia col dare in nota innumerevoli testimoni, i quali non potranno in nessun modo supplire alla mancanza di un atto generico, tanto importante e che perciò si decida a farsi visitare almeno da qualche levatrice nell'intelligenza che l'ufficio si apparterrebbe per rispettare la sua verecondia e starebbe al giudizio della stessa levatrice che l'ufficio sceglierebbe.

« R. **Anche ad appartarsi l'uffielo ed a volermi far visitare da una levatrice, io non intendo affatto essere visitata da chicchessia »**.

Chi conosce la nostra indole incapace di adulare, e chi sa che sotto la toga non cessò mai di battere il nostro cuore di cittadino, comprende la sincerità della lode che rivolgiamo in questo momento al consigliere cav. Lapegna ed al sostituto procuratore generale cav. Pilolli, per avere eglino non solamente reso un segnalato servizio alla giustizia, ma dato prova altamente nobile di saper confondere nei loro cuori i doveri di magistrati con i sentimenti di padri di famiglia. Ma è istintivo notare che quanto più commoventi risuonano nelle tavole processuali le esortazioni dei due illustri uomini alla Giuseppina, di smentire l'accusa con una facile prova generica, fatta magari col massimo riguardo e senza il rigore delle prescrizioni procedurali, tanto più si rivela come dolorosa confessione di reità il rifiuto della sciagurata.

« Ho suggezione ». Fu questa la sola parola detta in risposta dalla Giuseppina, la quale però non seppe neanche ripeterla dopo le rinnovate insistenze, chiudendosi in un silenzio rivelatore, anzi confessione di colpa. Senza rilevare che tale parola « ho suggezione » addiveniva semplicemente cinica e forse beffarda sulle labbra di una donna, che aveva dato nauseante spettacolo di depravazione, crediamo di affermare esattamente dicendo che chiunque di fronte ad accusa così infamante avrebbe spontaneamente offerta, richiesta insistentemente la prova sovrana della propria innocenza. Vi sono nella vita momenti o pericolosi di danni materiali, magari additati dal panico, o di compromissione del principal patrimonio umano, l'onore, ed in tali momenti la natura vuol preservare la vita fisica o morale, che è tutta la esistenza e trascura le suscettibilità dello stesso pudore che sono modalità dell'esistenza. In quei giorni, nei quali, secondo le prove specifiche, perdurava lo stato di puerperio della Giuseppina, questa avrebbe potuto provare la sua innocenza, epperò il reciso rifiuto a fornire tale prova si mutò in confessione di colpabilità.

All'ultima ora il signor Berardino Medina, povero padre della sciagurata, ha cercato di reintegrare la fisonomia morale di lei facendo redigere un atto notorio. Non c'interessa di esaminare la correttezza legale di tale atto, che porta l'impronta di vero favore da parte di tutti e specialmente di colui che lo solennizzò. Non rileviamo le parentele e le affinità del producente con i compiacenti certizioranti. Non indaghiamo se tra questi misuratori di onestà e di correttezza di vita non si trovino preti intesi coi nomignoli di *sette-mogli, et similia*. Non vogliamo dimostrare, come si potrà sempre

fare, che nella « paglia mista a sterco cavallino » che il fortunato cocchiere lasciava all'angolo del divano, sul quale aveva goduto gli amplessi dell'adultera, oggi, mediante l'atto notorio, si cerca di mescolare la bile egualmente fetida del partito che sostiene nelle lotte locali amministrative Nicola Petrone. Ma ripeteremo col Consigliere delegato e col Procuratore Generale: che torna inutile infastidire la giustizia con testimoni « che non potranno in nessun modo supplire alla mancanza di un atto generico tanto importante ».

Non la parola di compiacenti testimoni, bensì quella obbiettiva dell'ostetrico occorreva rivolgere alla giustizia.

Il signor Biagio Mafrolla potrebbe avvalersi delle risultanze processuali e precludere ora ogni altra via a colei che malmenò il suo onore e la sua dignità; ma egli come fu il primo ad inviare alla indegna consorte il consiglio di smentire le accuse e di tutelare con opportuna perizia il comune onore, così in questo momento ci auorizza a ripetere con quest'allegazione novello e solenne invito a Giuseppina Medina di accettare ora, quantunque tardivamente, le esortazioni rivoltele, e di fare udire la parola della scienza.

Il signor Mafrolla che nello sporgere la querela

non ubbidì ad impeti di passione, si augura sin da
ora che Giuseppina Medina dinanzi al Tribunale
vorrà fare udire quelle prove generiche dalle quali
ella sempre rifuggì, quasi terrorizzata, dalla vista dello
specchio della sua colpa.

Ma ora tutto concorre ad avvalorare le richieste
del Procuratore Generale: la voce pubblica, i testimoni *de visu*, le circostanze precedenti, concomitanti
e susseguenti all'abbandono del bambino, le vanterie
del complice, il contegno della colpevole, quasi confessa nel suo interrogatorio, tutto impone di rinviare
gl'imputati al giudizio del Tribunale.

§ 8.° — BALZAC nelle citate sue meditazioni os-
serva: « L'infedeltà è nella donna l'ultimo termine
dei misfatti umani; è per essa il più gran delitto
sociale, perchè per lei esso implica tutti gli altri.
Infatti, o la donna profana il suo amore continuando
ad appartenere a suo marito, o rompe tutt'i legami
che la uniscono alla famiglia, abbandonandosi intie-
ramente al suo amante. Essa deve optare perchè la
sola scusa possibile è nell'eccesso del suo amore ».
E così la figlia di Don Carlos Borbone, pretendente
al trono di Spagna, lascia ogni fasto della sua famiglia e addiviene la concubina di un modesto pit-
tore, ammogliato e padre di molti figliuoli; e così

Maria Luisa, principessa ereditaria di Sassonia, lascia
la corona che era per cingere, il marito, cinque figli
e si dà, adultera, nelle braccia di un pedagogo; e
l'una e l'altra affrontando il clamore del mondo
scandalizzato optano per gli amanti per invocare « la
sola scusa possibile » l'eccesso del loro amore.

Giuseppina non segue questi esempi pur troppo
recenti, non opta, vuole gli amplessi del cocchiere,
ma vuol passare per donna onesta.

Chi di costoro è più colpevole ed arreca offesa
più pericolosa all'ordine delle famiglie?

Certamente quest'ultima, che, senza il pretesto,
sempre vituperevole, di un palpito, predilige la colpa
per la colpa, e deride la morale.

Siam sicuri che gli eccellentissimi magistrati della
Sezione di Accusa di Trani, con la loro sentenza
di rinvio, potranno dimostrare che la sciagurata se
osò tentare di deridere anche la legge venne col-
pita dalla legge.

Trani, 26 febbraio 1903.

NICOLA VISCHI.

ALLEGATO n° 14

Conservatoria dei Registri immobiliari di **LUCERA**

CONTO 384 - VOLUME 124
BIASE MAFROLLA nato il 16/3/1877
trascrizioni
a FAVORE

	Reg. gen	reg. part.	note	data	contraente	natura
1	435	8858	5455	13.11.1905	ANTONIO MAFROLLA	
2	489	9189	28639	30.04.1909	SPINA DOMENICANTONIO	VENDITA
3	914	2467	37629	7.10.1910	SPINA TERESA	VENDITA
4	914	2932	37670	8.10.1910	CIMAGLIA GIUSEPPE	VENDITA
5	936	3829	49909	13.11.1911	CARIGLIA M. MICHELE	VENDITA
6	939	9999	46719	2.01.1912	BOSCO GIUSEPPINA	VENDITA
7	943	8329	48664	14.03.1917	CIMAGLIA ANTONIETTA	VENDITA
8	-	8939	49049	29.03.1912	VITALE ? FILOMENA	VENDITA
9	964	8396	96230	21.02.1913	CARIGLIA GIUSEPPE	VENDITA
10	979	4798	61840	8.12.1913	RUGGIERI MICHELE	PRECETTO
11	613	1477	74422	15.09.1915	CARIGLIA MICHELE	VENDITA
12		1789	94862	19.09.1919	PETRONE MICHELE	VENDITA
13		9768	168397	7.05.1924	MAFROLLA CARLO	DIVISIONE
CONTRO						
1	939	9996	46716	22.01.1917	BOSCO GIUSEPPINA	
2	943	8934	49044	29.03.1912	NOBILE FILOMENA	
3	994	2699	92390	29.09.1012	TEDESCHI FRANCESCO	
4	963	7499	99694	29.01.1913	CIAVARRA TERESA	VENDITA
5	604	6553	70881	29.01.1915	BISCOTTI ANTONIA	
6		9170	112137	20.03.1920	FASANELLA LUIGI	
7		8330	114694	9.05.1920	MONTICCHIO LUCREZIA	

8		14068	119479	11.09.1920	PASTORELLA DOMENICO	
9		11640	111961	24.09.1920	LOPRIORE CAIZZI	
10		17909	122464	20.11.1920	BARDINI ? ACHILLE	
11		6262	196601	29.05.1923	MONTECALVO LUCREZIA	
12		12281	161909	13.11.1923	SCIANNAME' ANNA MARIA	
13		12993	162049	26.11.1923	ABATANTUONO TONIA	
14		9770	168358	7.05.1924	MAFROLLA CARLO	DIVISIONE
15		9771	168359	7.05.1924	MAFROLLA ELISABETTA	
16		9772	168360	7.05.1924	MAFROLLA GIUSEPPINA	

CONTO 79 VOLUME 826

CONTRO

17		9772	168361	7.05.1924	MAFROLLA CARMELA	DIVISIONE
18		9788	194497	17.04.1926	COLELLA MARCO	VENDITA
19		5210	208354	19.04.1927	RUGGIERI CARLO	VENDITA
20		1108	229779	28.01.1929	AMM. PROV. CAPITANATA	
21		19629	241078	14.11.929	OPERA PIA VIESTE	CONC. GRATUITA
22		15578	294788	13.11.1930	DEL DUCA MANFREDO	VENDITA

ALLEGATO n° 15

dalla Conservatoria dei registri immobiliari di LUCERA

TRASCRIZIONI DI ATTI NOTARILI				
CARLO MAFROLLA				
serie III (1/1/1901-31/12/1930) Reg. 269 - 87				
a Favore				
RG	RP	data	controparte	tipo atto
4203	39164	04.12.1909	Spina Michelina	vendita
4215	32169	"	Masanotti M.Giuseppa	"
4293	32221	07.12.1909	Chionchio Gaetano	"
5365	32897	15.01.1910	Guadagni Rosa	"
5366	32898	"	Donadio Annamaria	"
7602	34329	23.03.1910	Desimio Domenica	"
9319	35427	24.05.1910	Prudenza e Fioritto	"
1131	36733	22.08.1910	Pupillo e Foglia	"
3830	45506	13.11.1911	Caniglia M. Michela	"
7857	48327	29.02.1012	Bosco Giuseppina	"
4298	61846	08.12.1913	Ruggiero Michelle	precetto
1477	74422	15.09.1915	Cariglia Michela	vendita
1785	94862	15.02.1919	Petrone Michelina	"
12799	161954	22.11.1923	Bosco Giuseppina	testamento
5769	168358	07.05.1924	Mafrolla Biagio	divisione

trascrizioni **CONTRO**				
9321	35429	24.05.2010	Mafrolla Giuseppina	vendita
10277	36619	29.6.1910	Vecera Lucietta	"
2653	52385	29.09.12	Lequi Edoardo	"
5120	112137	20.03.1920	Fasanella Luigi	"
8370	114627	09.05.1920	Montecalvo Lucrezia	"
17709	122464	20.11.1920	Berardini Achille	"
5768	168357	07.05.1924	Mafrolla Biagio	divisione
5770	168359	07.05.1924	Mafrolla Elisabetta	divisione
5771	168360	07.05.1924	Mafrolla Giuseppina	divisione
5772	168361	07.05.1924	Mafrolla Carmela	divisione
12013	199959	13.09.1926	Amm. Prov. Foggia	vendita

TRASCRIZIONI DI ATTI NOTARILI				
CARLO MAFROLLA				
serie IV (1/1/1931-31/12/1960) Reg. 468-150				
a Favore				
RG	RP	data	controparte	tipo atto
	44125	23.08.1934	Cimaglia Lucrezia	vendita
3639	103709	12.03.1939	Ruggieri Nicola	"
10693	109805	25.09.1939	Mafrolla Mario	vendita
10962	181839	14.10.1946	Mafrolla Mario	riserva usufrutto
10963	181840	14.10.1046	Mafrolla Antonio	riserva usufrutto

	serie IV (1/1/1931-31/12/1960)		Reg. 468-150	
CARLO MAFROLLA - trascrizioni **CONTRO**				
RG	RP	data	controparte	tipo atto
7583	66649	07.06.1936	Soldano Carlo	vendita
15109	85642	14.12.1937	Mafrolla Mario	vendita
16434	100292	26.12.1938	Mafrolla Dorotea	assegno
3636	103706	12.03.1939	Mafrolla Giuseppina	assegno
3730	103790	13.03.1939	Calderisi Francesca	vendita
10075	121881	19.09.1940	Mafrolla Mario	retrocessione
2452	148304	20.03.1943	Simone Matteo	vendita
9024	160955	29.12.1944	Castiotta Anna Lucia	"
9025	160956	"	Clemente Francesco	"
9026	160957	"	Sollitto e Di Mauroa	"
9027	160958	"	Marcantonio Michelina	"
9028	160959	"	Maggiore ed Abatantuono	"
9042	160971	30.121.944	Santoro Rocco	"
696	161629	27.1.1945	Mafrolla Elisabetta	donazione
2783	163590	29.03.1945	Tatalo Pietro	vendita
5152	165769	07.06.1945	Vescera e Troiana	"
7154	167560	29.08.1945	La Torre germani	"
2198	173524	27.02.1946	Ascoli Giuseppe	"
2567	173867	06.03.1946	La Torre e La Torre	"
7015	178093	25.06.1946	Cionfoli e Solitro	"
10962	181839	14.10.1946	Mafrolla Mario	costituzione di patrimonio
10963	181840	14.10.1946	Mafrolla Antonio	"
4599	190202	29.3.1947	Mafrolla Maria	donazione
4600	190203	"	Mafrolla Antonio	rinuncia usufrutto
2562	205057	26.02.1948	Mafrolla Mario	donazione
9632	259267	14.07.1951	Piracci e Bartoletti	vendita
10899	260337	22.08.1951	Forte Matteo	"
12390	261726	24.09.1951	Piracci Concettina	"
18	267158	02.01.1952	Corso Giov. Antonio	"
3376	270334	03.03.1952	D'Onofrio Antonio	"
6441	273250	24.4.1952	Mafrolla Elisabetta	"
8532	275196	07.06.1952	Donadio Ludovico	"
8829	275462	13.06.1952	Mafrolla Elisabetta	"
3692	332069	21.02.1955	Mafrolla Antonio	"
5499	356536	03.04.1956	Mafrolla Bettina	"
11524	398398	14.07.1958	Acquedotto Pugliese	esproprio

CARLO MAFROLLA

serie V (1/1/1931-31/12/1970)			Reg. 1299-158	
	Trascrizioni		**CONTRO**	
RG	RP	data	controparte	tipo atto
5637	150754	07.03.1967	Petrone Michelina	testamento
22320	165948	11.10.1967	Petrone e Mafrolla	successione

ALLEGATO n° 16

CONSERVATORIA REGISTRI IMMOBILIARI DI **LUCERA**

TRASCRIZIONI DI ATTI NOTARILI

MARIO MAFROLLA

serie IV (1/1/1931-31/12/1960)   Reg. 769 - 115

a Favore

RG	RP	data	controparte	tipo atto
14103	84759	19.11.1937	Di Rodi Natale	vendita
15109	85642	14.12.1937	Mafrolla e Petrone	"
10075	121881	19.09.1940	Mafrolla Carlo	riscatto
10962	181839	14.10.1946	Mafrolla Carlo	costituzione di patrimonio
4601	190204	29.03.1947	Mafrolla Carlo	rinunzia usufrutto
2568	205057	26.02.1948	Mafrolla Carlo	donazione
928	352542	13.01.1956	Mafrolla Mario	vincolo patrimoniale
		CONTRO		
10693	109805	25.09.1939	Mafrolla Carlo	vendita
3324	174605	22.03.1946	Giordano Michele	"
10962	181839	14.10.1946	Mafrolla Carlo	riserva usufrutto
2562	205057	26.02.1948	Mafrolla Carlo	costituzione patrimonio
16489	265490	29.11.1951	Donadio Michele	vendita
16728	265717	04.12.1951	Medina Giambattista	"
19500	303903	09.12.1953	Sez. Cred. Fond. Banco Napoli	mutuo
5531	310115	20.03.1954	De Meo Laura	vendita
4719	333025	08.03.1955	Notarangelo Pasquale	vendita
928	352542	13.11.1956	Mafrolla Mario	vincolo patrimoniale
1027	352623	16.01.1956	Di Rodi Vincenzo	vendita

serie IV (1/1/1931-31/12/1960)   Reg. 2145 - 63

		CONTRO		
11962	398797	19.07.1958	Sez. Credito Ag. Banco Napoli	pignoramento

serie V (1/1/1961-31/12/1973)   Reg. 219 - 175

		CONTRO		
21180	17705	06.11.1961	Mafrolla Maria	decreto trasferimento

ALLEGATO n° 17

			CONSERVATORIA REGISTRI IMMOBIIARI DI **LUCERA**		
			TRASCRIZIONI DI ATTI NOTARILI		
			ANTONIO MAFROLLA nato il 12/5/1920 di Carlo		
			a Favore		
RG	numero	data	controparte	tipo atto	NOTAIO
	181840	14/10/1946	Mafrolla Carlo	costituzione patrimonio per matrimonio	
	190203	20/03/1947	Mafrolla Carlo	rinuncia usufrutto	
	332069	21/02/1955	Mafrolla Carlo	acquista dal padre	
			Contro		
	285875	05/01/1953	De Maio Assunta	vendita	
*	332068	21/02/1955	Cirillo e Cirillo	vendita	Marano Delfino
	332069	21/05/1955	Mafrolla Carlo	costituzione vincolo	
			a Favore		
	77491	03/03/1964	Palma Maria Michela	acquisto	
	97220	14/12/1964	da Mafrolla Carlo	vincolo patrim. familiare	
	141067	24/10/1966	da Mafrolla Carlo	vincolo patrim. familiare	
	165948	11/10/1967	Mafrolla Carlo	successione	
	247001	24/12/1970	Petrone Michelina	testamento	
	256075	07/05/1971	Petrone Michelina	successione	
			Contro		
	97220	14/12/1964	Mafrolla Antonio	vincolo patrim. familiare	
	97221	14/12/1964	De Nittis Michelina	vincolo patrim. familiare	
	100072	01/02/1965	De Nittis Michelina	vendita	
	141067	24/10/1966	Mafrolla Antonio	vincolo patrim. familiare	
	149662	20/02/1967	FINA ITALIA MILANO	vendita	
	169272	29/11/1967	de Feudis Bartolomeo	vendita	
	169116	28/11/1967	Clipper Oli Italiana SpA	sequestro conservativo	

ALLEGATO 18

CONTRATTO FRA ANTONIO MAFROLLA E CIRILLO FRANCESCO PER I RUCCI- CUPARI

✳	numero 332068	data 21/02/1955	controparte Cirillo e Cirillo	oggetto vendita	Notaio Marano Delfino	n° Rep. 1110	raccolta n° 365	data 06/02/1955
	intervengono:							

1)	Mafrolla Antonio - proprietario - autorizzato con provvedimento del Tribunale di Foggia del 9/11/1954
2)	Grand'Ufficiale Ruggiero dr. Ignazio fu Gaetano (Vieste via Zara 3) per conto Mafrolla Carlo fu Antonio (Napoli via Posillipo 168) con mandato speciale del notaio Carbone del 21/12/1955
3)	dr. Medina Giambattista fu Francesco, medico veterinario, nell'interesse di Cirillo Francesco fu Luigi, medico chirurgo nato a Vieste, domiciliato a Borgomanero (Novara)
4)	Cirillo Sante fu Luigi nato a Vieste, domiciliato a Bari

PREMESSA

Per le nozze di Antonio Mafrolla, con rogito del Notaio Gatta del 13/8/1946, Carlo Mafrolla donava per costituzione di patrimonio familiare, il terreno boschivo, roccioso, parzialmente distrutto da incendi in Vieste Contrada Rucci-Cupari esteso h. 155.44.17;   con altro rogito del notaio Gatta del 26/2/1947 Carlo rinunciva all'usufrutto per metà del terreno.

Avendo Carlo posto in vendita un terreno in Contrada Pantanello di h. 3.21.21, e volendo Antonio vendere il terreno ai Rucci - Cupari e col ricavato acquistare il frutteto al Pantanello sottopondendolo a vincolo patrimoniale familiare,

Art. 1) Antonio vende ai Cirillo Sante e Francesco il terreno ai Rucci-Cupari di h. 155.144.17 avente rendita dominicale di £ 12.186,10 confinante con Martucci Stefano e Mafrolla Carlo, in catasto alla part. 1703, intestato a Carlo Mafrolla, fg. 39 part. 1/a, ed altre ………. Art. 3) per "Rucci-Cupari il prezzo è stabilito in £. 6.200.000 ……. ed Antonio rilascia quietanza………………… poi Mafrolla Antonio acquista il terreno al Pantanello di h. 3.21.21 d.d. 2916 part. 551 intestato a Carlo fg. 12 part. 41 - 42 ……………… …………………………… Antonio costituisce su di esso vincolo di patrimonio familiare

Art. 7) …..per il terreno al Pantanello il prezzo è stabilito in ". 6.200.000 "versato" al padre Carlo tramite il procuratore Ruggieri Ignazio ………………………………… Antonio Mafrolla dichiara di essere cognato di Cirillo Francesco Francesco…….

- (per verificare la congruità dei prezzi): Rucci Cupari è un terreno, incolto, pascolo, roccioso, distrutto da incendi; esiste contratto di locazione del 6/8/1950, registrato il 9/8/50 al n° 45 che dà reddito, parte in denaro e parte in derrate, di £. 500.000 meno pesi fondiari di £. 140.000 annui ; £. 500.000 con rendita netta del 5%, da perizia stragiudiziale, porta ad un valore di £. 6.200.000;

- per il terreno al Pantanello, messo in vendita da Carlo per £. 6.500.000, da perizia stragiudiziale ha valore di £. 6.350.000 per il vigneto, n° piante e complesso fabbricati……. Il padre Carlo accetta £. 6.200.000

COPIA

ARCHIVIO NOTARILE
DISTRETTUALE - FOGGIA

(1)

4933

N. 4613 del Repertorio

Copia autentica a Mafrolla

Costituzione di dote in beni immo-

Giuseppina il 10-3-939

bili, corredo e danaro contante

Trasmitto il 12-3-939 al

Vittorio Emanuele III.

N. 193726 Mod 63

per grazia di Dio e per volontà della Nazione

Re d'Italia

Imperatore d'Etiopia

L'anno millenovecentotrentanove A

XVII il giorno Due Febbraio in Vieste in

casa dello infrascritto Sig. Mafrolla

Carlo alla strada Mafrolla N. 31

Innanzi di me Cav. Uff. Nicola Mon-

tella fu Francesco, Regio Notaio residen-

te in Vieste, iscritto presso il Collegio No-

tarile del Distretto di Foggia ed alla pre-

senza dei Signori Masanotti Leonardo

fu Pasquale autista e Di Mauro Gaetano

di Giorgio agricoltore entrambi nati e domi-

ciliati in Vieste testimoni idonei ai sensi

di legge ed a me ben noti.

Si sono personalmente costituiti.

I Signori coniugi Mafrolla Carlo

del fu Cav. Uff. Antonio e Petrone Mi-

chelina fu Pasquale, nonché la loro fi-

glia Signora Mafrolla Giuseppina

di Carlo ed il di costei coniuge Signor
Medina Giorgio di Berardino tutti
proprietari nati e domiciliati in Vieste
della loro identità e capacità giuridica io Notaio ne sono personalmente certo all'oggetto di stipulare quest'atto,
per il quale tutti in primo luogo
uniformemente dichiarano che i detti Signori coniugi Mafrolla Carlo e
Petrone Michelina, a riguardo del matrimonio da celebrarsi, siccome poi fu
celebrato addì 22 Aprile 1935 civilmente secondo le disposizioni del Codice Civile e contrattualmente sotto il
vincolo del regime dotale tra il detto
Sig. Medina Giorgio e la detta loro figlia Signora Giuseppina Mafrolla, ver-
balmente si riservavano di assegnare
a costei degl'immobili, un corredo
e danaro contante.

Che i predetti coniugi Signori Mafrolla Carlo e Petrone Michelina scio-
gliendo la riserva fatta, in contem-
plazione del conchiuso detto matrimonio ed a sostenere i pesi di esso,

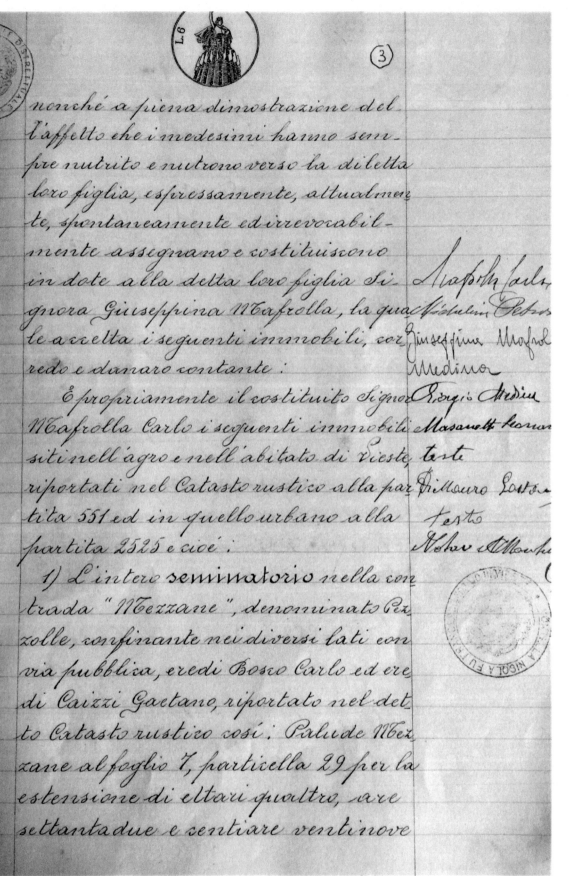

nonché a piena dimostrazione del
l'affetto che i medesimi hanno sempre nutriti e nutrono verso la diletta
loro figlia, espressamente, attualmen
te, spontaneamente ed irrevocabilmente assegnano e costituiscono
in dote alla detta loro figlia Signora Giuseppina Mafrolla, la quale accetta i seguenti immobili, corredo e danaro contante:

    È propriamente il costituito Signor
Mafrolla Carlo i seguenti immobili
siti nell'agro e nell'abitato di Vieste,
riportati nel Catasto rustico alla partita 551 ed in quello urbano alla
partita 2525 e cioè:

    1) L'intero seminatorio nella con-
trada "Mezzane", denominato Pez-
zolle, confinante nei diversi lati con
via pubblica, eredi Bosco Carlo ed eredi Caizzi Gaetano, riportato nel detto Catasto rustico così: Palude Mezzane al foglio 7, particella 29 per la
estensione di ettari quattro, are
settantadue e centiare ventinove

Giuseppina pag. 3

98

(Ettari 4.72.29) con l'imponibile di Lire 340.05 del valore di Lire Ventottomila (Lire 28.000).

2) L'intero Oliveto nella contrada "Cerasa" confinante nei diversi lati con Lopriore Sante, Piracci Maria, eredi Spina e via rotabile Vieste-Peschici riportato nel Catasto al foglio 16, particella 11 per l'estensione di ettari uno, are sessantatré e centiare novantatré (Ettari 1.63.93) imponibile Lire 311.54 e particella 21 per are nove e centiare ottantanove (Ettari 0.09.89) con l'imponibile di Lire 24.73. Estensione complessiva Ettari 1.73.82 imponibile in totale Lire 336.27 del valore di Lire Ventiquattromila (Lire 24.000).

3) Fabbricato in via Fratelli Coele 16. civico 66 di vani quattro in primo piano confinante nei diversi lati con Ruggieri Michelina, con la Signora Mafrolla Carmela e via medesima riportato nel catasto urbano alla detta partita mappa 357 con

Giuseppina pag. 4

l'imponibile di Lire 426.65, con il
canone che eventualmente potrà
risultare, del valore di Lire Sedici
miladuecento (Lire 16.200).

4) Il fabbricato per abitazione alla
via Dottor Giuliani composto di tre vani in pian terreno con i N.i civici 23-
25 e 27 compresso un piccolo sottoscala
esistente nel portone e del soprastante soprano di due vani N. civico 27 con
finante da un lato con la Signora
Mafrolla Dorotea, con i Signori germani Mafrolla Carlo e Biagio fu
Antonio, con via Apeneste e con la
via medesima riportato nel detto
catasto ed alla precisata partita
2525 col N. di mappa 143 unitamente
ad altri vani con l'imponibile di
Lire 2101, dal quale per accordo delle
parti si distacca quello competente
di Lire 540 da caricarsi in testa della donataria, sul quale vi gravita
l'annuo canone di Lire Due e
centesimi cinquanta (Lire 2.50) a
favore del Reverendo Capitolo Catte-

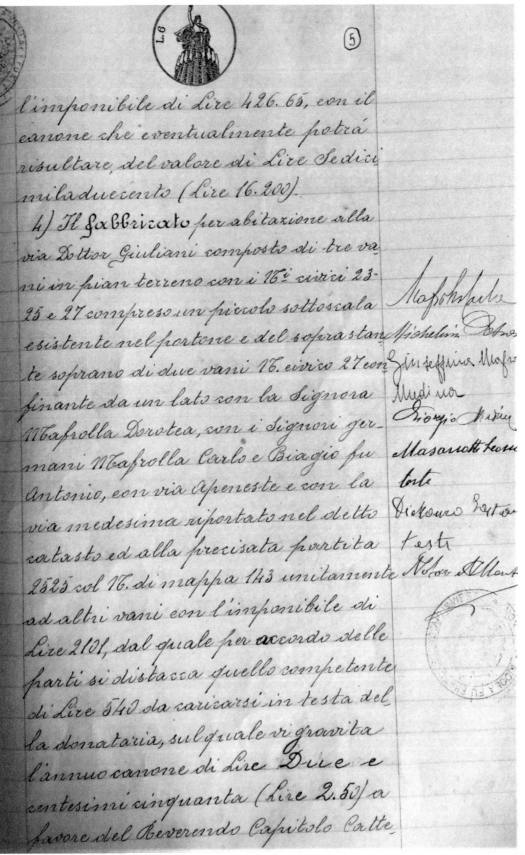

drale di Trieste del valore di Lire
Ventiduemilaseicento (Lire 22.600).

Il predetto soprano è precisamente quello che trovasi fittato a De
Maria Luigi con denunzia di contratto verbale del 29 Ottobre 1937 e gli
altri tre sottani quelli sottostanti
al detto soprano.

5) Gianterreno di un vano uso stalla sito al vico Cella, già vico Gigan-
te, confinante nei diversi lati con
Masanotti Grazia, Notarangelo Nicola e vico medesimo del valore di Lire Duemiladuecento (Lire 2200).

Totale valore degli innanzi
predescritti immobili di Lire No-
vantatremila (Lire 93.000).

Corredo Nuziale

Dodici coperte diverse delle quali
quattro di lana, quattro di seta e le
rimanenti di cotone Lire 4000; Dodici lenzuola e trentasei federe di tela
diversa Lire 3820; Dodici servizi completi da tavola Lire 2660; Trentasei
parure di seta Lire 2000; Quattro chi

moni Lire 300; Sei parure di lana
Lire 200; Trentasei fazzoletti diversi
Lire 100; Dodici fazzoletti diversi di
seta Lire 200; Quattro sciarpe diverse di
seta Lire 100; Sei pettinatoi Lire 100;
Trentanove asciugamani diversi Lire 100; Sei giacché da matiné Lire
50; Dodici corpetti diversi Lire 50; Nove grembiali diversi Lire 50; Sei pezzi
per fornitura da bagno Lire 200; Pannina e sciallo di Lana Lire 30; Tre
giacche diverse di lana Lire 50; Tre
giacche diverse di seta Lire 50; Un
scendiletto Lire 40; Un abito da sera,
un abito da passeggio, due vestiti
estivi, un soprabito di lana ed un
altro di seta complessivamente Lire 200; sciarpe, cappelli, borse, guanti, ventagli, libretto da messa, crocifisso di argento, corona di oro e coralli,
renards argenti ed un cassettone complessivamente Lire 200- Valore totale di detti oggetti corredali Lire
Diciannovemila (Lire 19.000).
Danaro contante- Lire Trenta-

mila (Lire 30.000).

È propriamente la costituita Signora Petrone Michelina danaro contante di Lire Diecimila (Lire 10.000).

I costituiti coniugi Signori Medina Giorgio e Nafrolla Giuseppina dichiarano di aver ricevuto prima della stipula di quest'atto dal costituito Signor Nafrolla Carlo sia la detta somma in danaro contante di Lire Trentamila (L. 30.000) che l'innanzi precisato corredo nuziale di Lire Diciannovemila il tutto assegnato in dote e perciò ne rilasciano in favore del medesimo ampia e formale quietanza dichiarando nel contempo giusto ed onesto il valore fissato agli oggetti del detto corredo e si obbligano ritenerlo come legale stato estimativo.

I predescritti immobili vengono assegnati con le dipendenze e dritti inerenti, a corpo e non a misura e per liberi e franchi

da qualsiasi peso ed ipoteca, al-
l'infuori però dei precisati pesi,
del tributo fondiario, della tassa
patrimoniale, dalla imposta stra-
ordinaria immobiliare corrispondente, del reddito agrario e delle altre tasse inerenti, e trasferendosi
dal costituito Signor Mafrolla
Carlo tutti i suoi diritti dominicali immette da oggi la donataria sua figlia Giuseppina nel possesso legale e materiale degli
immobili medesimi.

I costituiti Signori coniugi Medina Giorgio e Mafrolla Giuseppina dichiarano anche di aver ricevuto prima della stipula di
quest'atto la detta somma in danaro contante di Lire Diecimila
assegnata in dote dall'altra costituita Signora Petrone Michelina
e perciò ne rilasciano in favore di
costei ampia e formale quietanza.

Stando quanto sopra si dichiara dai costituiti Signori coniugi

Mafrolla Carlo e Petrone Miche
lina e loro figlia Giuseppina che
le innanzi dette costituzioni di
dote, l'una fatta dal detto suo
padre della complessiva somma
di Lire Centoquarantaduemila
tra fondi rustici e urbani, corre
do e danaro contante; e l'altra
fatta dalla detta sua madre
in danaro contante di Lire Die
cimila vengono assegnate qua
le quota legittima spettante al
la detta loro figlia Giuseppina
sopra i futuri assi ereditari pa
terno e materno, la quale rite_
nendosi lesa quale erede legit_
timaria sulla eredità paterna
e materna, e volendo concorrere
alle rispettive successioni con gli
altri suoi fratelli e sorelle per stabi_
lire la sua legittima, deve imputare
a questa tutto ciò che ha ricevuto in
dote con gli interessi legali dal pri_
mo gennaio 1939 relativi ai beni im_
mobili e danaro contante come fu

Giuseppina pag. 10

re tutte le spese di questo atto.

Inoltre i Signori coniugi Mafrolla
Carlo e Petrone Michelina dichiarano di
non aver fatto altre assegnazioni alla
stessa loro figlia Signorina Giuseppina e di avere altri figli.

Il costituito Signor Medina Giorgio nell'accettare le predette costituzioni dotali si obbliga di conservare ed
amministrare il tutto sotto la più
ampia responsabilità di legge.

I Signori coniugi Mafrolla Carlo e Petrone Michelina come pure la loro figlia
Signora Giuseppina Mafrolla dichiarano espressamente e concordemente di ri-
nunziare all'ipoteca legale e perciò tutte
le parti costituite esonerano me Notaio
dall'obbligo dell'iscrizione dotale disposta
dalla Legge e dispensano il sig. Conservatore delle Ipoteche di Lucera dal pubblicare qualsiasi iscrizione di ufficio.

Le spese tutte del presente e successive rimangono a carico del Sig. Mafrolla Carlo.

Io Notaio ho dato lettura di questo
atto in presenza dei testimoni alle parti

Giuseppina pag.11

106

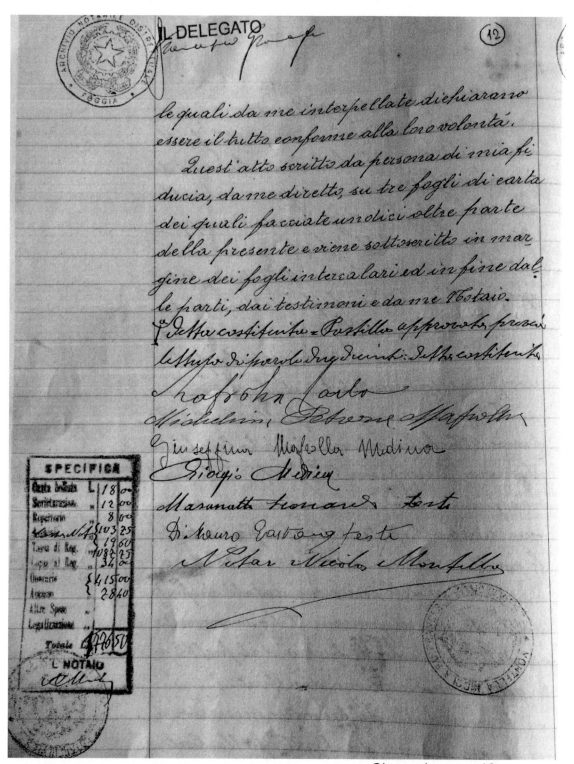

Giuseppina pag. 12

Il presente atto di donazione è stato poi rettificato con atto del 16 marzo 1939 (n° 7655 di repertorio), sempre del notaio Montella, sostituendo nella donazione l'oliveto "Cerasa" con l'oliveto "Calma"

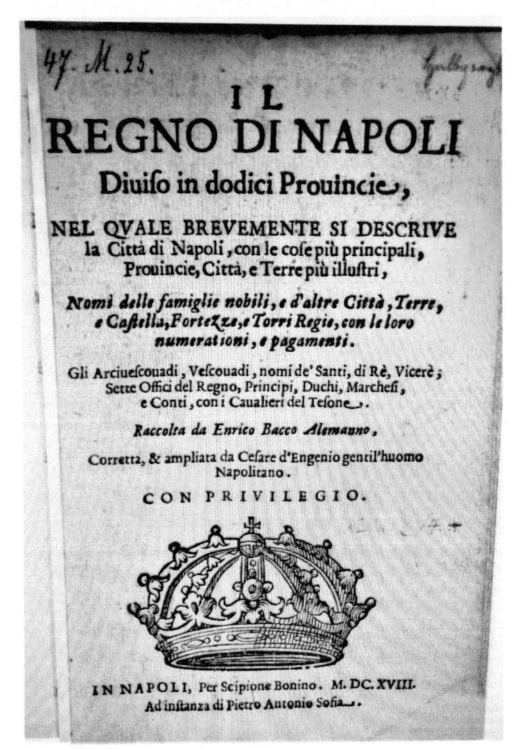

tino, e del Monte Gargano, col nome si bene di Sipontino, è stato solito, come suole tener iui la Sede, similmente come la tenea in Siponto, e tiene nel Monte di S. Angelo, e con questa occasione fu trasportata da Canonici dell'antica Siponto la Sedia, edificando in questa Città vn nuouo Tempio per la lor residenza sotto il titolo di S. Lorenzo Vescouo protettor già de' Sipontini, e fundator della C. del Monte di S. Angelo, e benche i Canonici, e Capitolo non lasciasse il nome de' Sipontini, chiamandosi perciò Capitulum Sipontinum, & Canonici Sipontini, e quiui trasferirono le reliquie della lor Chiesa, & in particolare del detto S. Vescouo, in honor di chi fù consacrata la Chiesa, ch'ancor oggi dì ne sanno la festa della traslatione. Fù fabricata questa Città molto nobilmente, e ben intesa, posta in quadro oblongo con le sue strade dritte, e belle, che di bellezza di sito hà poche Città pari, gira vn miglio, e mezzo in circa, hà molte Chiese, e monasteri, & è molto ciuile, & in essa sono le seguenti famiglie nobili.

Aprile.	Florio.	Nicastri.
Auantaggio.	Gentile.	Seluaggio.
Beccarino.	Metola.	Tontoli.
Celli.	Minadoi.	Veschi, & altri.

DI NOCERA, da altri detta Lucera.

I Superbi edifici, e sontuosi palaggi (le cui rouine sin oggi si veggono, fatti dal Rè Diomede, ch'edificò questa Città, dinotano di quanta grandezza, e potenza ella fusse, e meritamente Ratiano suo Vescouo di ella dice, *dicta est Luceria*, *quia lucet in Apulia*, come referisce Frezza de subfeudis. Fù questa Città dall'empio Costanzo Imperador di Costantinopoli da fondamenti disfatta, che la prese à forza. Indi l'Imperador Federico II. hauendo scacciato dall'uno, e l'altro Regno di Sicilia i Saraceni, diede loro per habitatione la presente Città, comandando loro, che la rifacessero. Carlo I. dopò lungo assedio nó potendola hauere per forza, s'accordò con Saraceni con imponerli maggior tributo di quello soleano per prima pagare, con hauer i rubelli, ch'eran dentro. Carlo II. il figliuolo non volendo sopportar più tal natione nel suo Regno, mandò à Lucera Giouanni Pipino Maestro Rationale della Zecca, il qual'andò

N 2   toui

Chriſtiano, ciaſcun lo poteua ammazzare ſenza pena alcuna, e chi ſi faceſſe Chriſtiano poteua ritenerſi la robba, e rimanerſi. Ciò vdito da quei toſto ſe n'andarono, rimanendo vna parte, che preſe il Batteſimo, come ſi legge nel Regio Archiuo di Napoli, & anche nel ſepolcro del detto Pipino, che ſtà in Napoli nella Chieſa di S. Pietro à Maiella, come da noi in vn libro particolare ſi dirà. Quiui Carlo II. edificò il celebre Tempio del Veſcouado ſotto titolo di S. Maria della Vittoria, aſſignandoui molte rendite. E nella Chieſa di San Domenico è il corpo di S. Agoſtino di natione Vnghero, Frate del Patriarca S. Domenico, il quale da Benedetto XI. Sommo Pontefice fù prima creato Veſcouo Zazabricenſe, e dopò di queſta Città doue è grandemente riuerito, e quiui riſplende d'infiniti miracoli. Nella Chieſa de Frati Franciſcani ſono i Corpi di F. Angiolo da Specchio ortolano compagno di S. Berardino da Siena di ſantiſſima vita, il quale fù ſommamente amato, e riuerito da Ferrante I. Rè di Napoli. E d'vn'altro Frate, il cui nome è incognito a frati per traſcuragine di quei del luogo, la cui lingua oggi ſi vede ancor viua, & intiera da che ſi giudica, che ei fuſſe ſtato qualche gran Predicatore, nel cui ſepolcro ſouente ſi veggono infiniti miracoli come ſi legge nelle Croniche di ſua Religione. Diede gran riputatione a queſta C. Pietro Razzano, monaco Dominicano, e poi ſuo Veſcouo huomo doctiſſimo, chiaro per molte opere che ſcriſſe. Il territorio di queſta Città produce tutte ſorte di vittouaglie. Quiui due volte l'anno vengono tutti Mercanti quaſi d'Italia, di Grecia, di Schauonia di Sicilia, e d'altri luoghi à far i loro trafichi. Queſta C. che è Regia, ha le ſeguenti Famiglie nobili.

Auria.	Gallucci.	Prignani.
Campana.	Mangrelli.	Recchi.
Corrado.	Mazzagrugni.	Seuerini.
Falcone.	Mobilia.	Spatafora.
Gagliardi.	Pagani.	Scaſſo, & altri.

COPIA

ARCHIVIO NOTARILE
DISTRETTUALE - FOGGIA

Numero 1508 del Repertorio Notarile

Numero 113 del Repertorio del registro

Divisione ereditaria di beni paterni

Regnando Vittorio Emanuele III, per grazia di
Dio e per volontà della Nazione, Re d'Italia

2° anno Millenovecento nove, il giorno
Quindici Ottobre in Vieste e propriamente
nella Casa di abitazione del defunto Cav.
Antonio Mafrolla, sita alla strada Napoli
la N. civico 28 _____

Avanti di me Montella Nicola fu Francesco,
notaro iscritto presso il Consiglio Notarile del distretto di Lucera, con residenza in Vieste, ed alla
presenza dei Sig.ri Russo Avv. Isidoro di Giovanni nato in Apoli Satriano, e Micale Vincenzo fu Giovanni, cocchiere nativo di Nampe-
donia, testimoni idonei ai sensi di legge, si sono
personalmente costituiti i germani e germane
Mafrolla Biagio, Carlo, Bettina, Carmela e Giuseppina, figli del fu Cav. Antonio
Mafrolla fu Biagio, quali legittimi eredi del
detto genitore, nonché i rispettivi mariti delle
suddette tre figlie Signori Petrone Dottor Luigi
fu Pasquale, Spina Dottor Domenicantonio
fu Raffaele, e Petrone Ing.re Carlo fu Pasquale,

1

IL DELEGATO

per autorizzare le rispettive loro mogli alla stipula del presente atto; tutti proprietari domiciliati in Vieste cogniti a me notaro e testimoni, ed aventi la piena capacità giuridica

All'oggetto di stipulare il presente atto, pel quale innanzi tutto le costituite parti premettono:

Che nel 12 Luglio 1900 nove moriva il loro amato genitore Signor Mafrolla Cav. Antonio fu Biagio, del quale fu rinvenuto il testamento primo Gennajo millenovecentosette, pubblicato da me notaro il Ventiquattro Luglio 1909 e registrato a Vieste il trenta Detto al Numero 16, col quale si assegnava la D. Sponibile a favore dei figli maschi Biagio e Carlo col Dritto D. scelta, e la legittima come per legge, apportando le predette tre figlie femmine in collazione i loro assegni Dotali in Lire quarantaduemila cinquecento ciascuna. In seguito Di che essi germani e germane, Di tra stessi hanno formato l'asse ereditario nel modo che segue =

Beni immobili, rustici ed urbani esistenti ne' Comuni di Vieste e di Peschici	530049	94
Mobili e Mobiliare	" 5000	00
N. 200 azioni della Banca Pop.e Coop.a d'Vieste	5000	00
a riportare £	540049	94

2

Riporto Lire 540049 " 34

Ai Boni fruttiferi presso la Banca med... 49332 65

Crediti Ipotecarii diversi complessivamente 59774 66

Animali Bovini del complessivo valore 8166 50

Carri, cavalli, carrozze ed accessorii 4600 "

Censii in capitale complessivo 576 25   Biagio Mafrolla

Contante 65000 "   Mafrolla Carlo

Assegni Dotali sopra cennati 127500 "   Bettina Mafrolla

Totale Lire Ottocento cinquantacin- 855000,00   Carmela Mafrolla
que mila _____   Raimonda Mafrolla

Donde risulta la Disponibile in Lire 427500 "   Michele Petrone

e la parte legittima 427500 "   Domenico Spina

Ciascuna parte Disponibile fra i due masci 213750 "   Carlo Petrone

Ciascuna parte legittima fra i cinque eredi 85500 "   Isidoro Rastelli Teste

In conseguenza di che i costituiti Bia-   Vincenzo
gio e Carlo avvalendosi del Dritto di Testa-   Micale Teste
ta per la sola parte Disponibile, di co-   Notar Vincenzo Montella
mune accordo si sono assegnati per questa
e per la parte legittima, il Sig. Biagio:
1. Vigna in contrada Costa di Martino
confinante con Nobile Michelantonio da
due lati e via Costa di Martino, rileva-
ta in Catasto all'art. 1894 di Mafrolla e
Antonio di Biase - Cat. C N 317. Seminatorio

a riportarsi £

3

IL DELEGATO

Riporto Lire

la Pietà, passi 20 di P.e passi 308 2°. Im
ponibile £ 12,, 50 _____ . 2887 | 44

2. Oliveto Macinino di Sopra confinan
te con eredi Vigilante, Nobile Domeni
cantonio, Comune di Vieste e Via di Salu
no. _____ . 41871 | 86

3°. _ Oliveto Macinino fuori dei Pareti,
confinante con eredi Vigilante, Bosco
Francescantonio ed intersecato dalla Ro
tabile Rozzo Alto. _____ „ 3198 | 32

4. Macinino proveniente da Tenoue con
finante con Donadio Nicasio da due
lati e rotabile Rozzo Alto e _____ 13043 | 50

5°. Macinino proveniente da Quarti
confinante con Donadio Nicasio, Canale
di Macinino e Rotabile Rozzo Alto 14613 | 85

6°. Macinino del Casino confinante
con eredi Vigilante, Rotabile Rozzo
Alto, Spina Raffaele eredi e Maci
nino di Sopra _____ „ 68442 | 62

I predetti fondi Macinino sono rivelati
in Catasto all'art 1894 Mafrolla An
tonio fu Biagio. Sezione B _____

Riportasi £ | 144057 „ 59

4

Riporto Lire 14405,59

N° 195 - Oliveto Macininio p. 30 d 1ª: p. 30 d 2ª e pascoli d 3ª Imp: " 207,32

N° 191 - Oliveto ivi p. 15½ d 2ª e p. 32 d key " 69,36

N° 192 - Seminatorio ivi - versa 1 d 2ª e versa 340 " 35,66

N° 193 - Pascolo ivi versa 3 d 1ª, versa 3 d 2ª, versa 5 d 3ª 22,50

N° 194 - Casino ivi 22, "

Seg.° C - 62 - Seminatorio Macininio p. 30 d 2ª clysa 5,00

63 - Pascolo ivi, pas. 40 d 2ª Imp: 1,34

220 - Vigna ivi p. 1 d 3ª 11,02

222 - Seminatorio infimo ivi p. 10 d 2ª 1,00

221 - Oliveto ivi p. 30 d 2ª Imp: 5,25

223 - Casa rurale ivi 0,03

224 - Vigna ivi p. 1 d 3ª 11,02

225 - Oliveto ivi pas. 30 d 2ª 5,25

226 - Seminatorio Infimo ivi p. 10 d 1ª Imp: 1,00

227 - Casa rurale ivi 0,03

217 - Vigna ivi pas. 30 d 3ª 22,00

218 - Oliveto ivi p. 10 d 2ª 1,75

219 - Seminatorio ivi p. 20 d 1ª 2,00

271 - Oliveto ivi p. 8 d 1ª 20,00

270 - Oliveto ivi pas. d 1ª 10,00

ed art. 1304 d Santoro Sebastiano fu Antonio

Seg. B. 199 Oliveto Tocanto p. 10 d 2ª Imp 17,50

a Riportarsi Lire 14405,59

Biagio Mafrolla
Gabriele Mafrolla
Settino Mafrolla
Carmela Mafrolla
Ippolita Mafrolla
Michele Petrone
Domenico Petrone
Carlo Petrone
Isidoro Rufo Teste
Vincenzo
Micale Teste
Notargiacomo Mafrolla

5

IL DELEGATO

Riporto Lire   144057,59

Seg. B. 200. Pascolo Chiacchioso ivi. Vey. 1 d 1ª,
e p 40 d 2ª. Imp: 4,34

ed Art 2031 di Mafrolla Biagio fu Antonio. Seg. C
228 oliveto macinino p. 15 d 2ª. Imp: 26,25

7º Parco denominato Cisterna d'Assieni in
contrada Salerno, confinante con via di Saler
no, Comune di Vieste e via Lama dei Cardi, ri
velato in Catasto all'art. 1894 di Mafrolla Anto
nio di Biagi Seg. B.

30 Seminatorio Salerno. Vey. 8. 20 d 3ª. Imp: 58,34
31. Pascolo ivi veyure 38 p. Vey. 4 d 2ª. e Ver
iure p d 3ª. Imp: 26,00
32. Seminatorio ivi veyure 2 d 3ª. Imp: 14 —
33. Pascolo ivi vey. 4 d 1ª. Vey 1 d 2ª e very 1 d 3
d 3ª. Imp: 7 — 804160

8º. Parco Giuliane Valle lo Fico, conf. con
Nobile Filomena e Pehone d'. Chirgele.
Rivelato in Catasto all'art. 2031 di Mafrolla
Biagi fu Antonio. Seg: C.

57. Seminatorio Lama dei Cardi. Vey. 1. 30 d 1ª   9 —
58. Oliveto ivi p 30 d 2ª classe. Imp.   5 —
59. Pascolo Chiacc. ivi. Vey 1 d 1ª. Vey. 2
d 2ª e vey. 1. d 3ª. Imp: 8. fo 549075

6   157589,94

a riportarsi

[Documento manoscritto in corsivo, di difficile lettura]

Riporto £   15739,94

9° Vigna ed oliveto in contrada Tavola, con
finante con via pubblica, Donadio Felice, e
Della Torre Vincenza. Rivelato in Catasto
all'art. 1304 di Santoro Sebastiano di Al...
Sig. C.° 165 Vigna Tavola p. 4½ d 1ª, 13½
d 2ª c 4½ d 3ª   Imp: _____   27,57

166 _ Seminatorio ivi p. 24 d 1ª   Imp: 3,80

167 _ Cheta Casino ivi _____   11,00   3866,70

10° _ Orto in Contrada Scialara, confinante con altro orto dello stesso, con Lomarcella
Francesco e Spiaggia di Mare - omesso in Catasto   1970,82

11° Trappeto al Largo S. Pietro con tutti gli
accessori e dipendenze - rivelato in Catasto al-
l'art. 3692 Mafrolla Antonio di Biase
Largo S. Pietro - Trappeto ad un albero
a 3 macine con 4 torchi - sottani 2 piano
terreno 4 - Mappa 1157   Imp: _____   186,67   16708,50

12° _ Sottano rimessa via Pozzo dentro
confinante col trappeto suddetto di cui fa
parte onciç in Catasto _____   1648,36

13° Sottano Stalla _ Largo S. Pietro, con
finante con rimessa suddetta e sottano seg.te   816,73

14° Sottano abitazione _ Largo S. Pietro
a riportarsi £   18260,05

[colonna destra con firme:]
Biagio Mafrolla
Mafrolla Carlo
Settimio Mafrolla
Carmela Mafrolla
Raffaele Natale
Michele Pietro...
Domenico Pietro...
Carlo Petrone
Isidoro Russo Titt...
Vincenzo
Micule Teste
Notar...Michele Montella

IL DELEGATO

	Lire
Riporto	18260,05
attaccato alla Stalla precedente	830 75
15ª Stalla Largo S.to Picho attaccata al sottano precedente	1053 15
I 3 predetti sottani figurano in Catasto all'art. 369 anzidetto – Largo S.to Picho Case Vani 3 Chappa 1092	67.50
I fabbricati segnati dal N.° 11 al N.° 15 sono gravati di censo a favore del Comune di Vieste per annue £ 64	
16ª – Vecchio Trappeto dimesso, ora paglaia, Largo Pozzo Dauno, sottoposto al Palazzo di Famiglia	1003 52
17ª – Magazzinetto uso legnaja nel Portone Via Mafrolla N.° 28	108 –
18ª Magazzino comerato a Dythod nel Detto Portone – valore	566 60
19ª – Metà portone e 1ª e 2ª rampa graduata del Palazzo Via Mafrolla N.° 28	329 11
20ª – Graduata del 2.° piano palazzo sopradetto	390 80
21ª – Intero 2.° Piano del detto Palazzo	1577 70
Tutti i fabbricati anzidetti dal N.° 16 al 21 sono rivelati in Catasto all'art. 371 di Mafrolla Biase fu Antonio Strada Mafrolla 28 Casa	
a riportarsi £	20266 57

8

Riporto Lire   202657,57

abitazione a Pian terreno 1.2 p. vani 19 –

Chiappa 600 . Imp: £600 Da cui d'Abbono

distaccasi vani 11 con l'Imp: di £ _____   34795

Sul magazzino a dstra nel Portone gravita

un censo a favore del Capitolo di Vigle per

annue £ 13.06; in esso trovasi una Cisterna,

l'uso della quale è Comune col germano

Carlo ._____

22ª Cheyrano via Apeneste Nº 1 _____   695 80

23ª Quattro sottani Piazza S. Maria d'Merino,

già S. Croce Nº 6, 7, 9, 10 _____   2235 35

24ª Tre soprani Via Dr. Giuliani Nº 27, 33   2377 45

25ª Quattro Soprani Piazza S. Maria d'Me-

rino Nº 3 _____   3337 45

I detti fabbricati dal Nº 22 al 25 figura-

no in Catasto all'art. 369 di Mafrolla e

Antonio fu Biase . Strada Dr. Giuliani

e S. Maria d'Merino . Ora in pian terreno

e 1 piano, Terreno vani 17 1º p. vani 9

Chiappa 1163, Da cui debbono dstac-

carsi vani 11 in pian terreno ed 8 in

1º piano per l'Imponibile di £   35400

26ª Cantina via Giuliani 12 sotto .

a riportasi £   21313,32

Biagio Mafrolla

Mafrolla Carlo

Bettina e Mafrolla

Carmela Mafrolla

Peppino M. Mafrolla

Michele Petrone

Domenico Spina

Carlo Petrone

Isidoro Russo p.t.

Vincenzo

Micale Teste

Notaro Nick. Montella

9

IL DELEGATO

	Riporto Lire	2113/3,32

posta a fabbricati degli eredi Pehone
Michele sporgente a Via Giordano. In
Catasto all'art. 371 di Mafrolla Biage fu
Antonio strada Mulini N° 1. Cantina N°
ni 2. Mappa 910 – Sup. ____ 147,00 2000

27° Bottega largo Dogana 6 - Confinante col detto Largo, Via Giordano e Troffetac
Nobile. In catasto all'art. predetto – Largo
della Dogana 5 - Cantina a pian terreno
vano 1 - Mappa 945 Sup. ____ 60 – 1200

28° Soprano Via Trepiccioni 33. ____ 790
29° Mezzano Via 3 piccioni 27. ____ 889 61
30° Sottano - Via 3 piccioni 35 ____ 476 52
31° Altro Soprano Via 3 piccione 33 ____ 781 25

Il sottano predetto N° 35 è sottoposto al
Soprano N° 33 sporgente Via 3 piccioni,
mentre l'ultimo soprano N° 33 sporge
a Via Marcello Cavallo. ____

Il Mezzano N° 27 è rivelato all'art. 369
di Mafrolla Antonio via Trepiccioni
N° 21 Casa in 1° piano, vano 1 - mappa
369 sub 2. Sup. ____ 51,00

ed i fabbricati predetti N° 35 e 33 sono rive-

	a riportarsi Lire	217450 70

10

DIVISIONE EREDITARIA dei beni del Cav. Antonio Mafrolla – pag. 11

L. A. — AUMENTO DI 2/10

Riporto Lire 217450,70

tati all'art. 371 di Mafrolla Biase fu Antonio - Via Spiccioni 26-27 - Casa a pian terreno e 1° piano - vani 3 Mappa 364 - Imp. 110 -

32° Sottano Via Mafrolla 17 - confinante con detta via, vico adiacente, ed eredi De Angelis - In Catasto art. 371 predetto - Strada Mafrolla 17 - Stanza a pian terreno - Mappa 580 sub 1 - Imp.: 30 - 444,00

33° - Stalla via Mafrolla 25 - In Catasto all'art. 371 predetto - Casa a pian terreno Vano 1 - Mappa 603-1 - Imp.: 33,75 497,20

34° Sottano via Marcello Cavallo 40 - In Catasto aggregato ai fabbricati Via Spiccioni - Imp.: 40 - 439,15

35° Sottano Pozzo Dentro 41 - sottoposto a Casa di Masanotti Antonio - art. pred. 371. Casa a pian terr. - Vano 1 - Mappa 3341 - Imp.: 25,50 213,35

36° Soprano Via De Nita 20 - In Catasto art. 371 predetto - Via De Nita N. 8 Casa in 1° piano - vano 1 - Mappa 326-2 - Imp.: 36 - 616,90

37° Sottano via De Nita 67 - In catasto l'art. 369 di Mafrolla Antonio di Biase - Via De Nita 63 casa a pian terreno - v. 1 - mappa 604-1 - Imp. 37,50 430 „

A riportarsi Lire 220091,30

Biagio Mafrolla
Mafrolla Carlo
Bettina Mafrolla
Carmela Mafrolla
Reginella Mafrolla
Michele Pedone
Domenico Spina
Carlo Petrone
Isidoro Russo teste
Vincenzo Micale teste
Notar Nicola Montella

IL DELEGATO

Riporto Lire 22029,30

38°: Palazzo in 2° p. Via Forno dell'Angeli
N° 3 in Catasto all'art 1442 di Nobile Santo:
mo fu Santi Nunzio - Strada Forno dell'Angeli
N° 3 casa d'abitazione a pian terreno e 1° piano
Ge si estende più N° 548, 550, 551, 552. e sopra
la quale in 1° piano si estende il N° 543, p:
2- vani 7 Chappa 548. Imp. — 165 — 5615 15

39°: Stalla Largo Pozzo Pinto sotto il pa
lazzo Via Chafrolla N° 28, confinante col
Largo sopradetto e Largo S° Pietro. In Cata:
sto art 371 di Mafrolla Biasefu Antonio
Strada Chafrolla 34. e 31 Crappeto a pian
terreno. Vani 3 Chappa 445. Imp. 86,00
Da cui deve distaccarsi l'Imp: per L 40 — 618 20

40°: Oliveto Aja Diletta confinante
con Vigilante Ghiuseppe eredi, e via di
Chaufredoma - Art 2282 Olivieri Gio:
vanni Sacerdote usufruttuario e Cha:
frolla Biase proprietario - Art — Sg°:
N° 78 - Oliveto Aja Diletta Possib° d° 2°classe e
77 Chaccgioso Calcan p. d° 2°: e
76 Oliveto Calcan p. d° 2°: Imp. 25,53 898 76

41°: Terreno sativo Giannetto, confinante Via di

A riportarsi Lire 22718,40

12

Riporto Lire — 227/63,41

Peschici Verdi della Torre Cart. 1894 Mafrolla
Antonio di Biase Sez: C. 64. Seminatorio
Giannetto Veg. 1 21° e papi 20 2° Insp. — 12.34 456 30

2 d 2° — Terreno con Piscina Nocecchia, confinante 3 lati col Comune di Vieste. Cart. 1894 predetto Sez. D. Seminatorio Piscina Quadra
Veg. 1.2 2° e Veg. 1. 2 3° Insp: — 17,00 796 20

È gravato di 3 cenzi a favore del Comune di
Vieste per complessiva annualità di £ 27.22

3 d 3° — Terreno con cisterna Chiazzaniello
confinante col Comune di Vieste, Cart. 1894
predetto. Sez. C. 17. Pascolo Macchioso. Man-
ganiello Veg. 1.05 2 1° Veg. 1.05 2 2° e Veg.
1.35 2 3° Insp: — 7.05 602 87

È gravato di cenzo a favore del Comune
di Vieste per l'annualità di £ 26.16

Dai beni del Comune di Peschici

44° Oliveto Pezza di Silvio proveniente
da Bodinizzo Carlantonio fu Vincenzo in teste
al quale è in catasto art. 643 Sez. C. 93 oliveto Pezza di Silvio p. 5 2 2° e p. 5 2 3° —
94 Seminatorio ivi papi 2 2° e p. 2 3° Insp: — 1.31 666 65

45° Stalla Via Faggiano 8 Conf. condotta

a riportarsi Lire — 229/05,43

Biagio Mafrolla
Mafrolla Carlo
Bettino Mafrolla
Carmela Mafrolla
Peppinella Mafrolla
Michele Petroni
Domenico Spina
Carlo Petrone
Russo test
Vincenzo
Micale Teste
Notaio Nicola Manhh

IL DELEGATO

Riporto L. Lire   22970,43

via e fabbricato seguente ————   205,35

46ª Due sottani misti con alcova - Via del
Faggiano 12 - con gradinata incompleta. Via
del Faggiano 10, comune con la Bone Com-
maso fu Giovanni ————   437,15

Questi 3 fabbricati in gruppo all'art. 609 di
Maggiano Antonio già art. 746 di Cujano
Maria Brigida per l'Imp: di Lire ———   36 —

47º - Appartamento di 4 stanze in 1º piano a sutta della gradinata Comune Via Castello
45, aggruppato con altri fabbricati in testa
a Pasanelli Luigi fu Vincenzo Antonio - art.
679, dal cui gruppo deve staccarsi con
l'Imp: di Lire ———————   93,25   2330,45

48ª Stalla vico Storto N.1 sottostante al
Palazzo Via Giorgio Madre 11 - col quale è
rivelato in Catasto all'art. 156 di Pasanelli
Giuseppe, Giulio, Luigi, Blandina e C.
Ultima fu Vincenzo Antonio da cui deve
staccarsi con l'imp: di L. ———   40 —   585,75

49ª - Casa di due stanze in pian terreno
al largo Giorgio Madre 1 - In Catasto aggruppato con precedenti da cui deve staccarsi ————

a riportarsi Lire   23326413

208

Riporto Lire   233264,13

con l'imp: di Lire ____ 80,00   797 50

50.mo Quinta parte del credito contro Ruggieri Michele di
Rodi, e degl'interessi scaduti fino ad oggi dal 22/1 1907,
nascente da Istr: Notar Bramante 22 Gennajo 1902   6275 "

51°_ Quinta parte credito contro Spinoza Marino
derivante da Istr: 9 Luglio 1909 notar Audina   2000 "

52° Quinta parte credito contro Biscotti di Peppi
nascente da Istr notar Hauti 12 Ottobre 1878 ____ 120 "

53° Credito contro Abatantuono Biagio, nascente
da Istr notar Ruocco 9 Dicembre 1892 ____ 1000 "

54°_ Altro credito contro lo stesso Abatantuo
no peratto Audina 14 Agosto 1900 ____ 672 "

55° Quaranta azioni della Banca Pop:
Coop: di Vieste come da certificati 311-174-2 ____ 1120 "

56°_ a prelevarsi dai Boni N 49 86 125 64
                              16 17 18 19
della Banca Pop: Coop: di Vieste ____ 13157 45

57°_ Da prelevarsi dal denaro contante   9086 67

58° Risiduo dai Boni della Banca dopo
gl'assegni fatti a tutti i coeredi   1657 25

59°_ Oneta mobili e Mobili di casa   2500 "

60°_ Cavalli e Carozze meno un mulo   4200 "

61°_ Contante, di cui à già ricevuto
prima di questa Ripula £ 25,000   25000 "
                                           41829 12

a riportarsi Lire   301450 "

Biagio Mafrolla
Mafrolla Carlo
Bettino Mafrolla
Carmela Mafrolla
Raffaella Mafrolla
Michele Petrone
Domenica Spina
Carlo Petrone
J Rufus Cel
Vincenzo
Michele Teste
Notar Michele Montella

15

IL DELEGATO

Riporto £   301450,00

Totale disponibile e legittima del Signor Biagio Lire Trecento= unomila quattrocento cinquanta.

Ed il Signor Carlo Mafrolla si à assegnato per sua parte di disponibile e parte legittima quanto appresso:

1º Oliveto Monteleone in contrada Costa di Martino, confinante con via di Caldara, Via di Grignola, Fioritti Giovanni suo interno, intersecato dalla via Costa Martino - Rivelato in Catasto all'art 1894 di Mafrolla Antonio di Biagio Sez: C. 452 - oliveto Costa Martino

passi 10 d 1ª e passi 8 ½ d 2ª Imp:	40,44
444. Vigna Ceraja p. 20 d 2ª Imp:	41,58
443 Oliveto Ceraja p. 20 d 2ª e p. 10 d 3ª Imp	48,34
451. Vigna Costa Martino p. 30 d 2ª e 30 d 3ª Imp	10,50
452 - Oliveto Costa Martino passi 11 ½ d 2ª Imp:	9,66
453 - Seminatorio ivi Verf. 1 d 2ª Imp -	10,00
454 - Casa rurale ivi p. 1 ¼ d 1ª Imp	„ 63
437 - Vigna ivi p. 7 d 1ª e 7 ½ d 3ª Imp	18,00
427 - Vigna calma p. 3 ¼ d 3ª Imp:	4,17

16

126

151 - Vigna ivi p. 1¼ d 2ª Imp: 1,00

438 - Oliveto Ceraga p: 6 d 1ª Imp: 15,00

436 - Vigna Ceraga poxis d 2ª Imp: 6,25

437 - Vigna Cerasa p: 7 d 1ª e 7½ d 3ª Imp: 18

127 - Vigna Codina - p: 3¾ d 3ª Imp: 4,18

151 - Vigna ivi p. 1½ d 3ª Imp: 1

440 - Vigna Ceraga p. 7 d 1ª, 8 d 2ª e 7 d 3ª

Imponibile £ 26,80

139 - Casa rurale ivi p. ½ d 1ª Imp: .... "66

437 - Vigna ivi p. 11 d 1ª e p. 11 d 3ª Imp: .... 36,00 | 3109,50

2ª - Oliveto Pacareta, confinante con Ro-

tabile di Peschici, Elisabetta Jassarance,

Via Lago Secco, e Spina Santa - Rivela-

to in Catasto all'art 3316 di Mafrolla An-

tonio d Biagio e Ciriglia Raffaele e Mi-

chele di Carmine - Seg: C ____

300 - Vigna Pacareta p. 7 d 1ª Sopra Imp: 11,68

301 - Vigna ivi p. 4 d 1ª p. 28 d 2ª e p.

5 d 3ª Imp: 10,23

302 - Seminatorio ivi p. 7 d 1ª Imp: 1,76

Ed all'articolo 2031 di Mafrolla Biagio fu

Antonio Seg: C 275, Oliveto Pacareta p. 20

d 1ª e p. 20 d 2ª Imp: 8,60

Ed all'art 1894 di Mafrolla Antonio d

Riportarsi £ 3109,50

Biagio Mafrolla

Mafrolla ...

Botti Mafrolla

Carmela Mafrolla

Peppino Mafrolla

Michele Pet...

Domenico ...

Carlo Petrone

Mafio Festa

Vincenzo

Micele Festa

...

17

IL DELEGATO

Riporto Lire 31096,50

Biagio Sg. C.

292. Vigna Focanto p. 4 δ 2ª e p. 38 3ª Insp: Lin		7.30
293. Vigna ivi papi 5 δ 2ª e p 58 3ª Insp		9.94
290. Vigna ivi p. 4 δ 2ª e 3δ 3ª Insp		7.30
294. Vigna ivi p. 5 δ 3ª Insp:		9.94
291. Vigna ivi p. 4 δ 2ª e p. 38 3ª Insp:		7.30
289. Seminatorio ivi p. 30 δ 2ª Insp:		5 —
288. Oliveto ivi p: 10 δ 1ª Insp —		28 —
316. Vigna ivi p: 30 δ 2ª e p. 30 δ 3ª Insp		59.80
313. Vigna ivi p: 30 δ 2ª e p 30 δ 3ª "		59.80
314. Oliveto ivi p. 2 δ 1ª F		5 —
315. Casino ivi Insp		13 —
317. Vigna ivi p. 22 δ 3ª "		16.14
318. Vigna ivi p. 1 δ 1ª e p. 7 δ 2ª Insp —		33.88
319. Vigna ivi p. 1 δ 1ª e p. 1 δ 2ª In		43.70
320. Oliveto ivi p. 6 δ 1ª Insp		15 —
321. Casa rurale p: 4½		" 63
389. Oliveto Coraja p. 10 δ 2ª Insp.		12.10
255. Oliveto Focanto p: 18 δ 1ª e 1 δ 2ª "		51.80
309. Vigna ivi p. 20 δ 1ª e 6 δ 2ª Insp		40.84
304. Vigna ivi p. 10 δ 2ª e p. 28 δ terza Insp:	19.58	45009 60 —
5ª. Oliveto Coraja proveniente da Piacci		
a riportarsi Ł		77006 10

18

Riporto Lire   77006,15

Chiesa, confinante con Pracci Maria e Piracci Leonardo, intersecato in parte dalla
rotabile Peschici - In Catasto all'art. 1894
di Mafrolla Antonio di Biase Seg. C.

394 - Vigna Craja p. 20 d.1ª   Imp: 32.96

434 - Vigna ivi p. 10 d.1ª   16.66   2818.65

4ª Oliveto Tavola proveniente da Giuliani
confinante con via della Tavola ed altra via
Craja Tavola, e con vigneto Cred. Bosco
Lorenzo - In Catasto art. 2031 di Mafrolla Biase d'Antonio Seg. C.

190 - Oliveto Tavola p. 58 2ª e 5 3ª Imp.   15.44

189bis - Oliveto ivi p. 28 2ª e 5 3ª Imp: 43.50

188 - Seminatorio infimo ivi Verg. 1.1 d.1ª Imp.   7.70

195 - Oliveto ivi p. 2 d. 2ª   Imp: 2.58

196 - Seminatorio ivi p. 28 2ª Imp: 4.15

189³ - Seminatorio Infimo ivi Verg 1.78 1ª   7.70

190 - Oliveto ivi p. 5 d 2ª e 5 d 3ª Imp: 15.44

1906bis - Casino ivi - Imp: 22.00

187 - Vigna ivi p. 30 d 2ª e 20 d 3ª Imp   52.10

184½ - Oliveto ivi p. 68 2ª Imp.   14 - 1313/45

5ª Orto Scialara confinante con altro
orto assegnato al Sig. Biagio, con Soma
a riportarsi £   92962,20

Biagio Mafrolla
e Mafrolla Carlo
Rettina Mafrolla
Carmela Mafrolla
Peppinella ...
Michele Petacci...
Domenico Se...
Carlo Petrone
Isidoro Raffaele...
Vincenzo
Micale Teste
Notar Michele Monte...

IL DELEGATO

Riporto £   9262,20

relli Francesco e Spiaggia del mare. Fitt-
to a Pecorelli Gaetano. Omesso in Catasto   1990,90

6° Terreno le Mezzane, confinante con
Via Valle Vittoria. Vigna Caipa Vincenzo
e Terreno Nobile Gantonio. All'art 1304
di Santoro Sebastiano fu Antonio. Sg.D.

63 Seminatorio Mezzane Vers.1.45 &1°. Imp.   22.10 1200,75

7° Vigna Scialara in Catasto all'art
2191. di Mazzaone Micyele e Grufoli Antonia
Conjugi Sez. A. 224. Vigna Scialara
p.1/2 di 1° e p.68 di 2°. Imp.   11.81 706,50

8° Giardino. Valle S. Nicola. confinante
con Via Della Gyiesula. Domanelli Gaetano ed emissario Pantanello. In Catasto all'art 1894 di Mafrolla Antonio
di Biase. Sez. C.

565. Seminatorio Valle S. Nicola p. 6
di 2° e p. 10 di 3°. Imp.   £   2,01

566. Seminatorio ivi papi 1 &1°. p.
1 di 3°. Imp.   4,20

567. Seminatorio ivi p. 20 di 3° Imp   2,33

568. Casa rurale ivi   0,63

576. Seminatorio ivi p. 38 di 2°   5,00 2307,30

a riportarsi £   11993,65

20

Riporto £   11993,65

È gravato di Cenzo a favore della
Chiesa Vescovile di Vieste per l'annua
lita di £ 5.45 —

9°. — Parchi Cuperi e Cuzzone confinanti con l'Istituto Fondi Rustici
Via di Lama del Sorbo, Comune di
Vieste. Medina Saverio fu Santo ed
eredi di Matteo Cimaglia — Sono in
terzecati dalla strada di Pecoriello —
In catasto all'art. 2031 di Mafrolla
Biagio fu Antonio — Seg. B.—
14. Seminatorio Cuperi Veg. 5 di 2ª
e 1ª di 3ª Sup: —————— £   155,00
15. Bosco ivi veg. 5 di 2ª e 1ª di 3ª Sup   90,00
16. Pascolo Moccagrosso ivi· Veg. 40 di 2ª e
160 di 3ª· Sup. —————— 328 —   53563 45
10°. Trappeto ed accessorii al Largo
S. Francesco confinante con Detto Lar-
go· Spiaggia del mare - e Pubblico Macello
In Catasto all'art 369 di Mafrolla Antonio di Biagio· Largo S. Pietro magaz·
nino Piano terreno - Vani 3 Mappa 1160 112,50   34171 11
11°. Rimessa Largo S. Pietro N° 4 —————
a riportarsi £   182918 21

Biagio Mafrolla
e Mafrolla Carlo
Bettino e Mafrolla
Carmela Mafrolla
Raymondo Mafrolla
Michele Petrone
Domenico Spina
Carlo Petrone
Gaudin Napoletti
Vincenzo
e Michele Testa
Notaio Nicola Monte

211

21

IL DELEGATO

Riporto £.   18291 8,21

confinante con Giego S. Pietro ed
altri fabbricati del med.° Mafrolla.
In Catasto aggruppato col Palazzo in 1°
piano via Mafrolla n° 28   395 78

12.° Stalla Largo S. Pietro N° conf.
con la rimessa precedente, col detto
Largo e con fabbricati del medesimo
Mafrolla. In Catasto all'art. 371 di
Mafrolla Biase fu Antonio. Largo S.
Pietro 1. Stalla a Pian terreno vano
1 Mappa 446   450 95

13.° piano via Fontana 74. In
catasto art. 371 predetto. Strada Fontana 73 a p.° in 1 piano, vano 1 Mappa 447 - 2. Insp.   45,00   595 68

14.° Magazzino di due vani nel portone del Palazzo via Mafrolla n° 28, a
giusta valore   746 60

15.° Metà Portone e 1.° e 2.° ram-
pa gradinata del detto Palazzo   339 "

16.° Intero 1.° piano del palazzo
sopradetto, confinante con Giego
S. Pietro, eredi Pariglia Domenico e
a riportarsi £.   185446 22

22

Riporto £ 185446,22
926564

Piani Antonio e Via Mafrolla.

I fabbricati sopra segnati dal N° 11
al 16 figurano in Catasto all'art.
311 di Mafrolla Biase fu Antonio Sig.
di Mafrolla 28, casa d'abitazione a piano
terreno 1° e 2° piano - vani 19 - map.
pa 600 - Imp: 450 Da cui debbono
staccarsi vani 8 con l'imp: 200,00

Questo 1° piano è diritto d'attingere
acqua alla cisterna sita nel magazzeno a destra del portone appartenente al
Signor Biagio _____

17°. Sottani 4 via D° Giuliani N°
21.23.25.29 _____   2220 80

18°. Sottani 3. Via D° Giuliani
N° 13.15.17   2247 05

19° Sottani 4 Largo S. Maria d'Otieri-
no già S Croce. N° 1.2.4.5 _____   2620 73

20° Soprani 4. Via D° Giuliani 19   34405

21° Soprani 4 Largo S. Maria d'Otie-
Numero 8. _____   37006

Tutti questi fabbricati in Via
D° Giuliani e Largo S Maria di Otie-
a riportarsi £   208995 09

Biase Mafrolla
Mafrolla Carlo
Bottino Mafrolla
Carmela Mafrolla
Peppinella Mafrolla
Michele Pet
Domenico Piani
Carlo Petrone
Guido Ruyo test
Vincenzo
Michele Test
Notaio Michele Montella

23

IL DELEGATO

Riporto £   208995,09

rino sono rivelati in Catasto
all'art 3718 Mafrolla Biage fu
Antonio - Via D. Giuliani - Casa
a pian terreno - Vano 1 - Mappa
1139 Imp: _____   44,72

ed all'altro art 369 di Mafrolla
Antonio fu Biagio - Strada
D. Giuliani e M. d. Merino - Casa
in pian terreno e 1º piano - Vani
18 - Mappa 1163 - Imp: _____   591,00

Sono gravati di censo a favore del
Capitolo di Vieste per annue Lire
46,80 c/e Vanno divise tra il Sig
Biagio per £ 20,80 ed il Signor
Carlo per £ 26 _____

22ª Casa in 2º piano - Via G.
Nobile 19 - In Catasto - Art 369
di Mafrolla Antonio - Strada G.
Nobile 26 - Casa in 2º piano - Va
in 3 Mappa 828 Sub 3 - Imp: 63,75   1300 "

23º Strada Nicolama 12 - In
Catasto art 3718 di Mafrolla Biage
fu Antonio - Stanza in 2º piano - Vano

24   a riportarsi £   210295 09

213

Riporto £   21029509

uno. Chiappa 641.1. Imp: 27,00   29882

È gravato di censo a favore della
Penitenzieria di Tiglie per annue £2.15

24° Appartamento in 1° Piano
via S. Cocle 56. In catasto al.
l'art 371 di Mafrolla Biagio fu Antonio dal quale deve staccarsi per ra-
ne A con l'Imponibile di £   120,00   3000 „

25° Bottega Forno de Angelis-
che fa angolo in Pian terreno tra
questa via e piazza Mercantile.
In Catasto art 371 anzidetto. Sta
fra Piazza Mercantile e Forno De
Angelis 21. Bottega vano 1. Chiappa 552. Imp°   60,00   800 „

26° Casa in via Cocciardi N°18.
In Catasto all'art predetto 371. Sta
fra Cocciardi N°17. Casa in 1 e 2 piano
vani 2. Chiappa 519.2. Imp: 63,75   881 04

27° Sottano Marcello Cavalli N°
55 omesso in Catasto.   323 50

28° Due Soprani Via Marega
82. In catasto all'art 371 predetto
a riportarsi £   21559845

Biagio Mafrolla
Nipote Anto-
nino Mafrolla
Carmela Mafrolla
Pasquale Mafrolla
Michele Petion
Domenico Spiac
Carlo Petrone
Pietro Mafrolla
Vincenzo
Michele Testa
Notar Michele Manette

25

IL DELEGATO

Riporto £   21558,45

In catasto porta il N.° civico 89.   1056 "

29.° - Sottano Stalla Via Charqeje
84 - In Catasto 83 - all'art. 371 predetto col quale è unito così - Strada
Charqeje N.° 82 e 83 casa a pian
terreno e 1° piano - Vani 3 Mappa 216
Imp: _____ 101,25   202 72

30.° - Chizzano - Vico Galera 14 - omesso
in Catasto _____   845 30

31.° - Stalla Via Charqeje 16 -
In Catasto art. 371 predetto - Strada
Charqeje 82 - Casa a pian terreno
vani 1 - Mappa 192 - 1 - Imp. 37,75   387 55

32.° - Mezzano Vico Limmo 39 - Imp.   236 70

33.° - Soprano Vico Limmo 39.   296 25
Questi due vani sono uniti in Catasto
all'art. 369 di Mafrolla Antonio
Vico Limmo 31 - Casa in te 2 piani - Vani
2 - Mappa 837 - 2 - Imp. _____ 46,50

e sono gravati d'censo a favore del
Capitolo di Vieste per annue £ 0,68 e
d'altro censo a favore di questo beneficio
Penitenziario per annue £ 7,65.

26   a riportarsi £   218522 97

Riporto £   218622.97

34° – Trappeto in via Ricci sottoposto al magazzino già rimesso
Piazza di Sopra N° 9 - omesso in Catasto   920 71

35° – Soprano - Via Fontana 33 - In
Catasto all art. 371 predetto - strada
Fontana 33 Casa in 1 piano - Vano 1 -
Mappa 87 - 2 - Imp: _____   44,63   654 25

36° Due Soprani - Via Marcello Cavallo 53 _____   1037 02

37 - Soprano Marcello Cavallo 53 -   741 76
Questi due Fabbricati omessi in Catasto

38° – Sottano - Via Marcello Cavallo 5 - In Catasto art. 371 predetto
strada Marcello Cavalli 5 - Casa in
pian terreno - piano 1 - vano 1 - Mappa 333 - 1 - Imp: _____ Lire   30,00   454 06

39° – Stalla Vico Celle 11 omesso in Catasto   224 02

40° – Sottano Vico Fontana 62 -
In Catasto art. 369 di Mafrolla Antonio - strada Fontano 59 Casa di
abitazione a pian terreno - Vano 1 -
Mappa 126 - 1 - Imp: _____ Lire   36,00   686 80

41° – Oliveto Focareto proveniente
a riportarsi £   223341 59

Biagio Mafrolla
Mafrolla ...
Bettino Mafrolla
Carmela Mafrolla
... Mafrolla
Michele ...
Tomaso ...
Carlo Petrone
... Ruffo ...
Vincenzo
Micale Testa
Notaro ...

27

IL DELEGATO

Riporto — Lire | 223341,59

Da Francesco Pagano, confinante con Istituto Fondi Rustici, Rotabile Peschici e Via della Tavola. Sub Lotto art. 1894. Mafrolla Antonio di Giuseppe Seg. B. 198 Oliveto Focante p. 20 N. 1ª Classe. Imp: _____ 50,00 | 917,32

42°. Terreno detto Solagnone in contrada Valle Coppe. Omesso in Catasto, è gravato d'censo a favore del Comune di Vieste per annue £ 04,10; vi è annessa una piscina ed un pagliajo | 1092,45

Dai beni del Comune di Peschici

43° Sottano Via Levante 38. | 205,08

44°. Sottano via Levante 34 | 268,90

Questi due Sottani In Catasto in testa a Luigi Tajanella fu Vincenzo Antonio per l'Imp: complessivo £ | 60,00

45°. Casa Via Chiesa Madre 11. confinante con detta via col Largo Chiesa Madre ed eredi Libetta, composta d'2 vani in Piano Terreno ed uno in 1 piano. Sotto l'art. 156 di Tajanella Giuseppe, Giulio, Luigi Blandino e C°.

28

a riportarsi £ | 22582,34

Riporto £   22582,34

lestima fu Vincenzo Antonio - Inip: 1173,6 2105,75

46º - Appartamento d'4 stanze in Via Castello
nº in 1º piano a finistra della gradinata prove-
miente da Leonardo Capancela - In Catasto
all'art. predetto da cui deve distaccarsi con
l'Imponibile di £ -   100 - 1130 80

47º - Terreno in Contrada Cerriglie già quota
Demaniale - In Catasto all'art. 701 d'mag-
giano Petrantonio - Seminatorio Cerriglie
Sez. C.1. Inip: 3,41 195 20

È gravato di censo a favore del Comune di Peschici per annue £9.50, ed altro
censo a favore del fondo Culto per annue £10

48º Quinta parte del credito contro Ruggieri Michele d'Rodi e degl'interessi scaduti a
tutt'oggi dal 22 Gennajo 1907, nascente
da Istr. notar. Bramante 22 Gennajo 902   6275 „

49º Quinta parte credito contro Spiorso
Marino nascente da Istr. 9 Luglio 1909   2000 „

50º Quinta parte del credito contro Biscotti
Gaetano atto Flauti 12 Ottobre 1878 -   120 „

51º - Credito contro Notarangelo Domenico
Istr. notar. Ruocco 5 Gennajo 1894   203 66

a riportarsi £   23968 75

29

IL DELEGATO

Riporto £ — 23968,75

52° _ Credito contro Carpi Maria Giuseppa
atto Flauti 8 Luglio 1879 _ — 2200 "

53° _ Credito contro Coppiello Michele
atto Ruocco 10 Novembre 1892 quale erede
di D'Errico Maria Giuseppe sua madre _ — 1000 "

54 _ Quaranta azioni della Banca Pop. Coo=
perativa di Vieste. Certificato N°311-174-2 ——— 1120 "

55° _ A prelevarsi da boni N° 49...
quest. Banca Pop: Coop: — 13484 17

56° _ Aceta Mobili e Mobilia di casa — 2500 "

57° _ Mulo da staccarsi da Cavalli ecc _ — 400 "

58° _ Capitale dei Censi attivi — 576 25

59° _ Animali bovini — 8166 50

60° Contante di cui £2200 di Vir Bia=
gio e £28113.33 dalla Massa, in mio — 30313 33

Totale Disponibile e legittima del Sig. Carlo — 299250,00
£ Duecentonovantanove mila Duecento Cinquanta

O la Sig.a Bettina Mafrolla
si à assegnata per sua parte legittima

1° l'assegno dotale — 42500 "

2° _ Stalla Via Fazzini N.6 £ — 229 20

3° _ Mezzano Via Fazzini 58 " — 336 65

4° _ Sottano Via Barbacane 29 " — 400 "

a riportarsi £ — 43465 85

30

216

Riporto £   43465,85

5° Casa in 2° piano - Via Fazzini 62.   2220,14

I predetti di fabbricati si trovano in Catasto all'art. 369 di Mafrolla Antonio di Biase
Strada Fazzini e Strada Barbacane N. 52.53
56 e 22. Casa con stalla in Piau terreno e
2° piano - vani 6. Classe 1086 Imp: 195

6° - Sottano Via Fazzini 55.   404,18

7° - Sottano Via Fazzini 59.   292,74

8° - Staluccio Via Fazzini 61.   264,..

9° Soprano Via Fazzini 57 - valore
635.06   635,06

10° Mezzano Via Fazzini 57   601,92

11° Due Mezzani Via Fazzini 57   716,64

12° Soprano - Via Fazzini 51.   409,05

I predetti sette fabbricati appariscono in
catasto all'art. 369 di Mafrolla Antonio di
Biase - Strada Fazzini N. 42.44.45.48 Casa
in piau terreno 1° e 2° piano vani 8 Clas-
sa 977. Imp: 180,70

13° Sottano Via Marcello Cavallo 57
omesso in Catasto   402,05

14°ulo Trappeto in Via Fazzini 65, pel-
tostante al Palazzo Mediu di Piazzo d'Ignes

a riportarsi · £   49411,93

31

IL DELEGATO

Riporto £   49411,93

e confinante con detta via e via C
Ricci. In Catasto al predetto Art 369 – Ma
da Fazzini 55 – Trappeto in piano terreno
vani 3 Mappa 973-1 – Imp: 200   6113 48

15° Sottano Stalla via Dentice N° 3 –
In catasto all'art 571 di Mafrolla Biase
fu Antonio – Via Fll.i Cocle 57. 59. 61
63. 57. e Via Marcello Cavallo N° 4 / Ca
sa di abitazione in piano terreno e 1° piano
vani 10 Mappa 317. Imp: £ 300 Pacini
Deve Distaccarsi col suo Imp: di £   300   816 15

16° Sottano Via Marcello Cavallo 57
compreso in Catasto   368 80

17° Oliveto in Contrada Locareto proveniente da Filomena Mafanotti in
Catasto all'art 1894 di Mafrolla Antonio
di Biase. Seg° @.
270. Oliveto Anacinino p. 48 h.
271. Oliveto ivi passo d. 8 8 h. Imp   30.00   433 35
18me Oliveto Macerelle confinante con
eredi Pehove Otidonio con Vigilante
fu Antonio, e via delle Macerelle –   1094 70
32   19° Oliveto La Castagna, confinante
Riportare £   58238 41

217

Riporto £   58238 41

con eredi Elisabetta Gaffarano. Qui-
glia Michele fu Raffaele ed eredi Spina
Raffaele. In Catasto all'art 1894 pred
Sez. B. 447. vigna petto. Veg. 1 e 1° clas.
448. Casa rurale ivi p: ½ e 1° *class*   9721 3068 60

Dei beni di Peschici.

20°= Oliveto Valle Castuano confinante con Maggiano eredi e Cara Giovanni. In Catasto art 711 di Maggia-
no Donatantonio Sez. B. 150 e 153 *class*   16 13 201 28

21°= Sottano via Levante 40 adibito
per Cantoria Fondiaria. In catasto
art 176 di Fasanella Giuseppe ed altri. Dal
quale Deve Distaccarsi con l'imp: £   22.00 600 82

22°= Sottano via Castello 57. Di due
Vani rustici. In Catasto col gruppo
precedente Da cui Deve Distaccarsi con
l'imp: £   30.00 456 84

23°= Quinta parte credito conto Ruggieri Michele ed interessi scaduti fin oggi, come
Da atto citato   6275 00

24°= Quinta parte credito conto Spinoza Marino, nascente dt citato £   2000 —

a riportarsi £   70837 95

38

IL DELEGATO

Riporto £   76837,95

25° Quinta parte credito Bifesti Micheli
d Pescici, come da atto innanzi citato   120 „

26° Intero credito contro Pahone Francesco. Derivante da atto Andria 11 Dicembre 1901.   6000 „

27° Quaranta azioni della Banca Popolare Coop: d Vieste come da Certificati
N° 311 – 174 – 2   1120 „

28° A prelevarsi dai boni N 49 85 125 64 / 16 17 18 19
della Banca Pop: Coop: 7422 05

Totale Lire Ottantacinque mila
e Cinquecento.   85500 „

65 alla Sig.a Carmela Mafrolla
per la sua parte legittima

1° Assegno dotale in collazione   42500 00

2° Casa in via Domangioli 8.
costruita di 3 mezzani ed un sopra
no ha la detta via e via Giordano
In Catasto all'art 371 d Mafrolla
Biagi fu Antonio Strada Domangioli 11. Casa in 1e 2 p. piani 2
vani 11 Numero di Mappa 1000. 2
Sursf: 9563 242462

34

a riportarsi £   44 924 62

Riporto £   44.924.62

3° Sottano Via Fratelli Cocle 52 riportato
In catasto art 371 di Mafrolla Biase fu
Antonio, aggruppato con altri fabbricati
al N di Mappa 357, Dai quali deve
distaccarsi con l'imp. di £   30.00 263.62

4° Sottano Via Dentice 1 incata-
to Via Fratelli Cocle aggruppato con altri fabbricati all'art 371 N di Mappa
357 Dal quale deve distaccarsi con
l'importabile di £   30.00 397.25

5° Sottano in via Fratelli Cocle
60. ora adibito per stalla ed aggruppato come i precedenti all'
art 371 numero di mappa 357, dal
quale Deve distaccarsi con l'impo-
rabile di £   25.00 238.20

6° Due soprani uniti via Fratelli
Cocle 54. Aggruppati come i precedenti all'art 371 col N di mappa
357 Dal quale deve distaccarsi con
l'imp. di £   65.00 909.15

7° Due soprani uniti Via Fratelli
Cocle 15, aggruppato coi precedenti
a riportarsi £   46.732.84

35

IL DELEGATO

Riporto £   46732,84

all'art 371 Numero di mappa
357 Da cui deve distaccarsi con
l'imponibile di £   65,00   1215,05

8° Sottano via F.lli Cocle 49 -

omesso in Catasto   479,82

9° - Soprano via F.lli Cocle 47 -

omesso in Catasto   604,82

10° Sottano Via de Nita 54 -

omesso in Catasto -   458,14

11° Sottano Stalla Via dei Nita

50 - omesso in Catasto   222,56

12° Soprano in via dei de Nita

52. omesso in Catasto -   652,28

13° Casa d'abitazione in 1° piano
via Gazzini 67. sottostante
al Palazzo Avedino e confinante
con detto Via e strada Ricci -
In Catasto all'art 369 d'Avedino
la Antonio di Bize - strada Gaz
zini 67. Casa in 1° piano voini
5 Mappa 903 - 1 aggregato
col Palazzo predetto dal quale deve
distaccarsi con l'Imp: di £   180 -   4194,65

a riportarsi £   54569,86

36

219

Riporto. ≠   52.869,86

14º – Stalla in Via Fazzini 63 –
confinante con detta via, col Trappe
to N 65 d'altri fabbricati dello stesso
Mafrolla, aggruppato all'art 369 di
Mafrolla Antonio di Biase – Mappa 967
da cui deve staccarsi – con Imp:d   40 – 859 35

15º – Mezzano via Domangioli 13, con
finante con detta Via e con altri fabbri
cati dello stesso Mafrolla – In catasto al
l'art 371 di Mafrolla Biase fu Antonio
strada Domangioli N 15 porzione di
casa in 1 piano – vani 2 N d'map.
po 1034-2 – Imp: 47.81 539 80

16º Casa in 1 piano via Doman
gioli 11 – Confinante con detta via
e col Mezzano precedente – In Ca
tasto all'art 371 di Mafrolla Biase
fu Antonio – Strada Domangioli 16
casa in 1 piano – vani 2 mappa
1033-2 – Imp: 52.50 923 45

17º Soprano in Via Domangio
li 10 – In catasto all'art 389 di
Mafrolla Antonio fu Biase per Mezzogio

a riportarsi ≠   56892 46   37

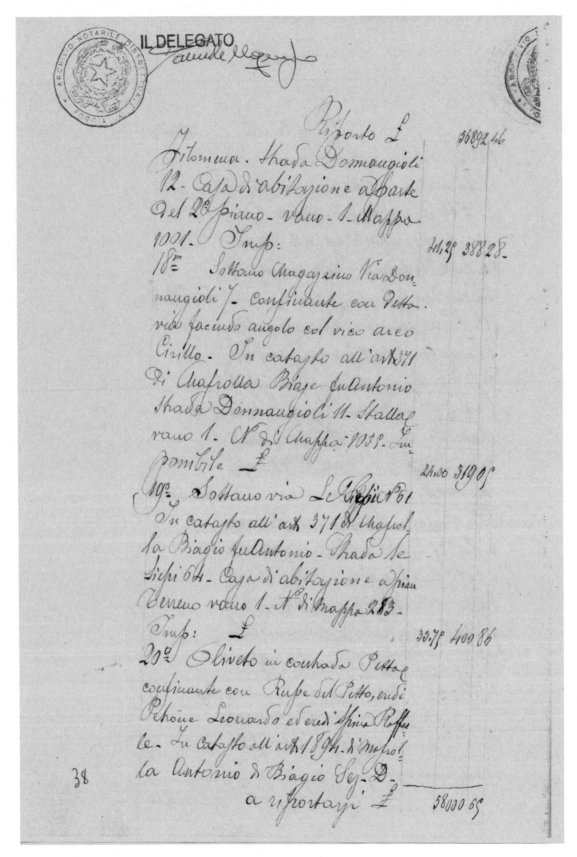

IL DELEGATO

Riporto £   58000,65

474. Vigna Petto Vey 1.088 1ª

475. Seminatorio ivi fasci 10 d 2ª

476. Casa rurale ivi – Imp.   82.12 4519.70

È gravato dei seguenti censi –

Alla Congrega del Purgatorio per

annue £ 2.55.

Alla Congrega del Sagramento per

annue £ 9.30.

Alla Congrega della Trinità per

annue £ 8.03.

Al Capitolo Cattedrale di Vieste per

annue £ 6.88.

Al Capitolo sesto per annue £ 5.10 –

21º. – Oliveto in contrada Calmal

proveniente da Francesco Pagano,

confinante con Bartolomeo Cani-

glia, Domenico Notarangelo ed

eredi di Bosco Lorenzo – Restituito

all'art 189 d Mafrolla Antonio di

Biase Sig. D –

202. Vigna Calma p. 27 d 2ª e p. 10

di 3ª classe –

203. Casa rurale ivi ½ passo d 2ª

a riportarsi £   62520,35   39

IL DELEGATO

Riporto £   62520,35

19°- Vigna Calma p. 3 d. 2°- Imp: 47,98   2221,95

22° - Oliveto in contrada Calma
proveniente da Ruggieri confinante con
eredi d. Carlantonio Dell'Erba e con
viottolo proveniente da Valle N.ra
ria in Catasto all'art. 2283 d. Ma=
frolla Biase fu Antonio Sy: D. 190
Vigna Calma p. 27 d. 1°- Imp: 44,94   2213,20

Dei beni del Comm. d. Piscicci

23°- Terreno in Contrada Spinale
Detto Canale di Coppo, Confinante
con Fajanella Blandino e Forquet
Luigi -   1023,77

24° - Parchetto in contrada Lac=
cio Spina, Confinante con gli eredi
Chartucci, Col Comune d. Vieste,
e con Forquet Luigi -   807,40

Questi Due fondi trovansi nel
Catasto del Comune di Peschicchio
art. 1114 d. Libetta Lucrezia - Ma=
czno Rey. 13.25 - Imp: £   158,98

25° - Stalla in via Castello 48 -
In catasto all'art. 156 In testa

40   a riportarsi £   68786,67

Riporto £   68786,67

a Fasanelli Giuseppe ed altri, la
cui deve distaccarsi con l'imp.   23.70   18333

26° Quinta parte del credito di
Ruggieri Michele di Rodi, con gl'
interessi scaduti dal 22 Gennajo
1907 ad oggi, come da Istru-
mento Bramante citato   6275 "

27° Quinta parte credito contro
Spinosa Marino, come da Istru-
mento Medina citato   2000 "

28° Quinta parte del credito con
ho Bisextti Matteo d' Pieşici, come
da Istr Stanti 12 Ottobre 1878   120 "

29° Quaranta azioni della Banca Pop: Coop. d Vizke, come da
certificati # 311-174-2   1120 "

30° Credito contro Polido Marino giusta Ist Stanti 9 Dicembre 1887   475 "

31° Credito contro Danze Mauro
eredi, nascente da atto notar Russo
co del 18 Agosto 1893-   4000 00

32° A prelevarsi da' Boni della
        a riportarsi £   82960 "   41

IL DELEGATO

Riporto £   82960,,

Banco Pop: Coop: # 49 85 125 64   1540,,

33ª A prelevarsi dal contante   1000,,

Colate £ Ottantacinquemila   85500,00

e Cinquecento (Lire

85500)-

68 alla Sig.ª Giuseppina

Mafrolla- per sua parte legittima

1ª Suo assegno dotale   42500,,

2ª- Magazzino già rimessa in

via Piazza di Sopra 9- Sottostan-

te al 1º Piano del Palazzo che

Pina # 5- In catasto all'ar-

ticolo 369 di Mafrolla Anto-

nio strada Piazza di Sopra 9-

Rimessa Vano 1. Mappa 974

Imp: 60,00   808 08

3º Palazzo in 1º 2º piano

via Porta di Sopra 5 confinante

con detta Via, Via Ricci, eredi

Albrizio Giustina e Via Fazzini

In Catasto all'art 369 di Ma-

frolla Antonio di Biase- strada

Piazza di Sopra- Casa in 1º 2º pia

no- Vani 10- Mappa 975-2-

    43308 08

42

Riporto £   1330808

Ja cui Dove Distaccarsi con l'impo=
nibile, compresi i due piani terreni
qui appresso per l'Imp: d £   345 – 14500 "

4º – Sottano Magazzeno Via Pi=
ta di sopra 3. Confinante con detta
via, con via Fazzini e Portone
del Palazzo predetto – In catasto
all'art precedente –   457 "

5º Casa in Pian terreno d'due
vani – Via Piazza d sopra 7. confi=
nante con detta via – Via Ricci
e Portone del Palazzo preceduto,
col quale è aggruppato in catasto   96492

6º Casa in 1 Piano – Piazza d
sopra 17. Confinante con detta
via e con eredi di Giustina Albrizio.
In Catasto all'art 369 di Mafrolla
Antonio –   66550

7º Orto in contrada Ponte di Mon=
signore, confinante con via Pubblica
con gli eredi Grima e con Piacci San=
te Guglielmo – In Catasto all'art 2031
d Mafrolla Biase qu Antonio – Sez: A.
a riportarsi £   59895,50

43

IL DELEGATO

[firma]

Riporto £   5983,50

205 – Orto Scialara p. 19 = 2 terzi di
1ª Classe.

193 – Orto Macchia di Chiano p. 10
& 1ª Classe –

192 – Pascolo Macchioso Scialara
p. 3 & 3ª Classe. Imp: compl: 32,67   614,50

8º – Oliveto Coppitella confinante
con eredi di Petrone Chiesantonio,
Caipsi Chiantonio eredi
e via Pubblica. In Catasto all'
art 2031 di Mafrolla Biagio fu Antonio Seg: B – 405 – Vigna Coppitella p. 10 & 1ª Classe e p. 5 & 2ª   24,18

ed all' art 2283 di Mafrolla Biagio
fu Antonio Seg. B.

207 – Vigna Coppitella p. 7 & 1ª e p.
8 ½ & 2ª Imp: 21,68

408 – Oliveto Coppitella p. 11 & 1ª
e p. 5 & 2ª Imp: 46,29   2562,60

9º – Terreno Pozzo Mercante
Confinante con eredi Medina An-
drea ed eredi Pastorella Carlantonio
In catasto art 1894 di Mafrolla

a riportarsi £   6307,60

44

Riporto £	6307̣,60
Antonio di Biage Sig. C. 10ᵃ Amministratorio Siciliano Reg. V. 8 2ᵃ Imp.	10 – 999,40
10º – Quinta parte del credito con lo Ruggieri Chisole di Rodi e degl'interessi dal giorno 22 Gennajo 1907 ad oggi, nascente da Itt. Bramante citato.	627,8 „
11º Quinta parte credito conho Spirito da Chiarino, nascente Itt. Chedina 9 Luglio 1909 –	2000 „
12º – Quinta parte credito conho B. getti Chatteo di Sepezici come da atto Flauti innanzi citato	120 „
13º Quaranta azioni della Banca Pop. Coop. di Viste come da Certificati № 311–174–2	1120 „
14º A prelevarsi dai Boni presso questa Banca Pop. Coop. Certificati № 49/16 86/17 125/18 64/19	1191̣3 „
Totale Lire Ottantacinque mila cinquecento.	85500,00

Le parti costituite dichiarano che nelle quote attribuite alle germane Bettina, Carmela

45

e Giuseppina Mafrolla non sono
state computate Lire settemila
e cinquecento per ciascuna che
peré furono negli assegni ma-
trimoniali dati senza obbligo
di collazione.

In quanto alla tassa fondiaria
i condividenti suddetti s'accollano
quella parte che risulterà dovuta da
ciascuno, giusta i rispettivi immobili
adottati.

Per effetto di questa divisione, i condividenti, di pieno accordo si attribuisco-
no rispettivamente le porzioni adotta-
te con tutti i singoli diritti, titoli,
azioni, privilegi, ipoteche ed altro
nella maniera più ampia e generale,
e ciò con la garenzia reciproca come
per legge, quietanzandosi vicendevol-
mente di ogni diritto sulla paterna eredità. Il possesso ed il godimento
della rispettive quote i condividenti
lo avranno da oggi innanzi, come
del pari da oggi innanzi ciascuno
di essi possederà a ciò di diritto i loro

46

226

ni, i censi e la Fondiaria come si è specifi-
camente detto innanzi, e nella misura dinanzi stabilita —

Le spese del presente atto sono a carico dei
condividenti in proporzione delle loro quote —

In dato lettura del presente atto da
me Notaio in presenza dei testimoni alle parti, le quali da me interpellate hanno dichiarato essere
il tutto conforme alla loro volontà;

Quest'atto scritto da persona di
mia fiducia su di quattordici fogli
di carta, dei quali facciate quaranta-
sei per intero oltre parte della presente e viene sottoscritto in margine
di tutti i fogli ed in fine del presente
dalle parti, dai testimoni e da me
Notaio

Biagio Mafrolla
Mafrolla Carlo
Bettina Mafrolla
Carmela Mafrolla
Peppinella Mafrolla
D.r Michele Petrone
Dr Domenico Spina

47

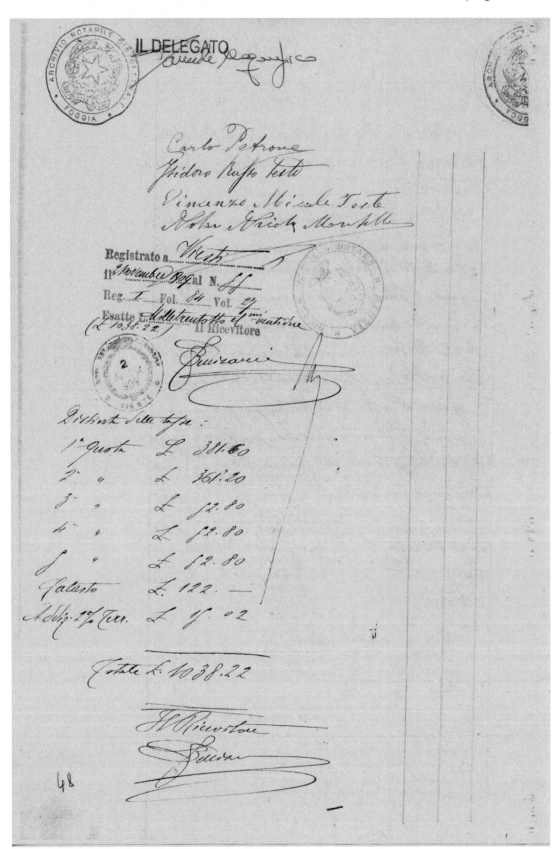

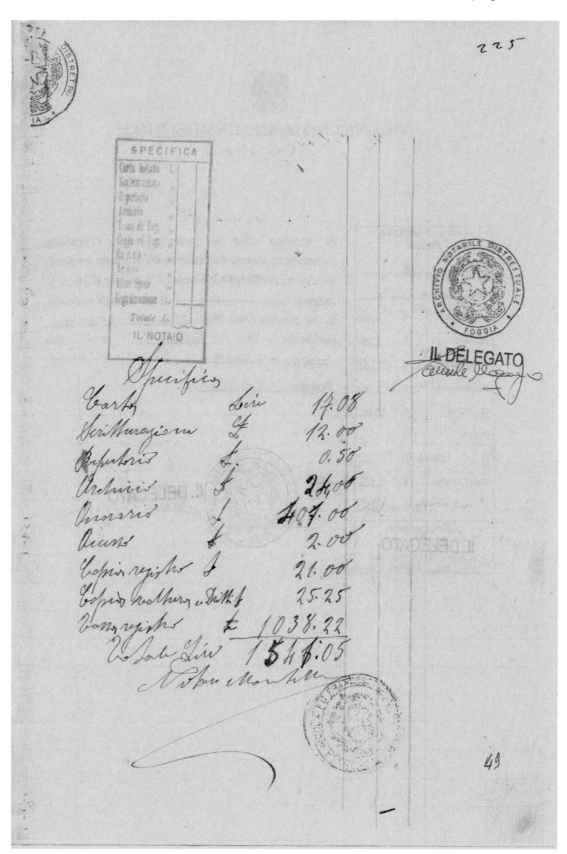

ARCHIVIO NOTARILE DISTRETTUALE

F O G G I A

ARCHIVIO NOTARILE FOGGIA		
Bolletta n.	27	
del	11-01-2023	
RICHIESTA	€.	1,00
RICERCA	€.	5,00
SCRITTURAZ.	€.	73,50
URGENZA	€.	73,50
ON. COPIA	€.	18,00
BOLLO	€.	/
TOTALE	€.	97,50
SPESE POSTALI	€.	5,55
TOTALE GENERALE	€.	103,05

Il Conservatore

IL DELEGATO

Si certifica che la presente copia, riprodotta fotostaticamente, è conforme all'originale esistente in questo Archivio Notarile; si compone di n. 49 facciate —————————— di mezzi fogli semplici. E si rilascia al sig. D'AURIA ANTONIO residente in NAPOLI per uso SGRAVIO FISCALE .——————

Foggia, 16-01-2023

IL DELEGATO

50

ALLEGATO 22

Banco di Napoli

Consiglio di Amministrazione

Estratto dal verbale del dì IO novembre   19 937 XVI

Assorbimento Banca Popolare Cooperativa
di Vieste e Apertura Agenzia di I^ classe
in Vieste

___

      Preso atto dei bilanci approvati al 3I dicembre 1936 della
Banca Cooperativa di Vieste e del nostro Istituto;
      Preso atto che l'On.Ispettorato per la difesa del risparmio
e per l'esercizio del credito ha autorizzato l'incorporazione del_
la Banca Popolare Cooperativa di Vieste nel Banco di Napoli e la
apertura di una filiale del Banco di Vieste;
      Letto il rapporto del 27 ottobre u.s. dell'Ufficio Organiz_
zazione & Sviluppo;
      Ritenuta la necessità di dare esecuzione all'autorizzata
operazione;

          il Consiglio delibera:

   I) di procedere alla fusione per incorporazione della Banca
Popolare Cooperativa di Vieste alle seguenti condizioni:

     a) rilievo di tutte le passività verso terzi e di tutte le
attività compresi i mobili e gli impianti;

     b) corresponsione da parte del Banco di £.30 per ogni azio_
ne, pagabili dopo 4 mesi dalla data in cui la fusione sarà dive_
nuta operativa a termine di legge, restando assorbiti i fondi di
riserva di ogni specie per effetto delle minusvalenze delle va_
rie poste dell'attivo;

     c) resteranno rispettivamente a favore ed a carico del Ban_
co le risultanze attive e passive dei conti economici dell'eser_
cizio corrente;

     d) prima dell'effettiva incorporazione, la Banca provvede_

                                ./.

rà a far corrispondere al personale, in servizio o meno, quanto
gli spetterà per pensione,liquidazione od altro, eliminando an
che ogni controversia col personale cessato. A tal fine potranno
essere utilizzati i titoli di proprietà della Cassa di Previden
za impiegati che figurano contabilizzati all'attivo per £.282mi
la e la differenza in contanti tra quest'ultima cifra e l'importo
di cui risulti creditrice verso la Banca la Cassa di Previdenza
per gli impiegati. In conseguenza prima della incorporazione saran
no consegnate le ricevute a saldo di ogni dipendente della Banca
in attività di servizio o meno, e, se deceduto, degli aventi di
ritto;

e) il Banco non prende impegno per l'assunzione del personale
ora in servizio alla Banca; esaminerà, poi, con la migliore dispo
sizione, la possibilità di assumere quello che abbia requisiti re
golamentari;

f) acquisto da parte dell'avv.Giovanni Spadea per la somma di
lire 220.000 delle n° 220 azioni, da £.1000 nominali ciascuna, del
la "Soc.An.Viestana Industrie Agricole"di proprietà della Banca.
L'operazione sarà regolata mediante effetto cambiario assistito da
garenzia dei titoli suddetti per la durata di IO anni con decurta
zione di un decimo ogni anno e la corresponsione degli interessi al
tasso del 5 I/4%;

g) i componenti del Consiglio d'Amministrazione della Banca si
obbligheranno solidalmente, per la durata di 2 anni, a garentire o
gni eventuale sopravvenienza passiva non contemplata nella situa
zione di consegna, che fosse per emergere, ed anche agli effetti
della tacitazione del personale in servizio o meno o degli eredi
di quelli deceduti che avessero diritto a vantare.

2) Di dare mandato al Direttore Generale per l'esecuzione della
presente deliberazione, autorizzandolo a tutti gli adempimenti ne
cessari, in modo che il suo operato non possa essere eccepito per
difetto di facoltà;

3) di aprire un'Agenzia di I^ classe in Vieste in sostituzione
della Banca Popolare Cooperativa di Vieste.

Per estratto conforme
Il Segretario
DEL CONSIGLIO DI AMMINISTRAZIONE

ALLEGATI   nel volume 2

Printed in Great Britain
by Amazon

32141154R00090